Ac.gloriagirls
Chapeu
30

弱者の闘い方

「個」を磨くことで、「強い組織」が作られる

ACグローリアガールズU-15監督
聖和学園女子サッカー部テクニカルアドバイザー
三木利章

竹書房

はじめに

私はサッカー指導者になって約30年。サッカーのプロコーチとしては8年目になります。
私は元Jリーガーでもなければ、選手として特筆する実績もありません。
ＪＦＡ指導ライセンスもC級、審判は4級しか持っていません。

指導会場は、フットサル場や狭いクレーコート。
指導日数は、平日2日間。指導時間は、2時間程度。

クラブに来てくれるのは、決して身体能力が高くはない、実績もない、普通の選手たちです。

これまで、いくつかのクラブで指導してきましたが、
巡り合わせなのか、なぜかいつも似たような環境でした。

この本を読んでくれている指導者の方々の大半は、
私と同じような境遇、環境なのではないでしょうか。

夢は叶うと思いますか？

幼稚園のときから「プロサッカー選手になる！」という夢を描いていた
サッカー小僧がいます。末っ子で甘えんぼう。体も小さく、細かった印象があります。

彼は小学生時代、日本サッカー協会に登録していないチームに所属していて、公式戦への出場経験もトレセン歴もありませんでした。

中学生時代も府県トレセン歴はなく、主だった公式戦での実績もありません。

高校時代は、2年生の12月まではベンチ外。
その高校が高校選手権に出場した時は、スタンドから応援していました。

そこから6ヶ月後。サッカー小僧はJクラブへの入団が内定しました。

しかも、行き先は当時のJ1リーグ王者、川崎フロンターレです。

高校卒業から2年後。サッカー小僧はU-20日本代表に選出され、日の丸を背負って、U-20ワールドカップに出場。アジア予選では得点も決めました。

「夢は叶う」を目の前で見せてもらいました。

私と同じような境遇、環境の皆さん。

サッカーの夢はありますか?

あったとして、本気で実現しようとしていますか?

諦めてはいませんか？

トレセンに選ばれていない。チームでレギュラーではない。
行きたいチームのセレクションに落ちた。そんなことが当てはまる選手の皆さん。
サッカーの夢はありますか？

あったとして、本気で実現しようとしているでしょうか？

諦めてはいないでしょうか？

この本に書いた結果や実績は、すべて事実です。

同じような境遇、環境でも、夢や目的、目標を叶えた人はたくさんいます！

特に恵まれているわけでもない環境と、決してエリートではない私と選手たち。

雑草とも表現できるかもしれませんが、この本では敢えて「弱者」と表現しました。

そして、勝ち負けや優劣を競うものは戦いで、困難などに打ち勝とうすることが闘い。

なので、戦いではなく「闘い」としました。

私は、私たちは弱者です。

だからといって、諦める必要はありません。弱者だから、出来ることもあります。
恵まれていない環境だからこそ、知恵を絞り、創意工夫をしなければいけない必要性も生まれます。
「弱者の闘い方」は、決して卑下した意味ではありません。

この本には、弱者という立場を認めて受け入れた上で、
困難な環境や今までの自分に打ち勝ち「私でも出来る！」を実現した事実と、
そこに至るプロセスや取り組みについて、書かせて頂きました。

同じような境遇や環境の指導者、お父さんコーチの方々。
思うようなサッカー人生を送れていない選手たち。

そのような方に、私がやってきたことや選手たちが成し遂げた事実、
プロセスを知ってもらい、何かヒントになったり
「私でも出来るかも！」という勇気や希望を少しでも与えることができたら
嬉しく思います。

出来ないとやらないは違います。

「弱者の闘い方」を知り、限界を自ら決めず、
可能性を伸びしろに変えて、夢を目指しましょう！

「弱者の闘い方」を知り、一緒に闘いましょう。大きな成果をあげましょう。
「私でも出来る！」と本気で想うことが、夢実現への第一歩です！

目次

第3章 三木流指導法とサッカーの捉え方

第4章 プロサッカーコーチ・三木ができるまで

第5章 育成に正しい、間違いはない

第6章 成功するクラブ運営

【特別対談】

Ac.glor

構成●鈴木智之
カバー・本文写真●南伸一郎（Studio F-ROG）
写真提供●グローリアガールズ
聖和学園高校女子サッカー部
装幀・本文組版●布村英明
編集●柴田洋史（竹書房）

gloriagirls

第1章

グローリアガールズ

弱者の闘い方

「個」を磨くことで、「強い組織」が作られる

恵まれない環境で全国大会出場へ

私は大阪府堺市を拠点に活動している、中学生年代の女子サッカークラブチーム「グローリアガールズ」の代表・監督を務めています。

グローリアガールズはフットサル場でトレーニングをしており、正規のサッカーコートで練習することはほとんどありません。

入団時のセレクションは無く、人数は3学年で約40名。平日練習は1回約100分を週2日。決して恵まれてはいない環境で、毎年多くの選手を強豪高校に送り出し、創部6年目で全国大会に3回出場しています。(2023年現在)

私が指導者人生をスタートしたクラブは、当時の平日練習は狭いグラウンドで週1日だけ。そして同県に、後にライバルとなる全国大会常連の超強豪クラブがありました。

そのチームとは、県大会決勝で6回連続で対戦することになるのですが、選手のレベルや練習環境など、様々な部分で大きく差がある中で「与えられ

普段の練習はフットサルコート。
恵まれない環境にも関わらず創部6年目で全国大会に3回出場

た条件で、どうすれば勝てるのか？」を考え、悩み、葛藤し続けることで、指導者として随分鍛えられました。（最終的に6回目の決勝戦で勝ち、関西大会も初優勝）

一般的なクラブチームは、平日週3日のトレーニングが主流です。

しかし、グローリアガールズは平日週2日のトレーニング。練習時間を1回2時間で計算すると、年間で約100時間の差が生まれます。

これを中学の3年間で計算すると、約300時間、短いことになります。

私はこれを「300時間の壁」と言っているのですが、その環境の中でWEリーグクラブアカデミーや強豪クラブと同じ土俵で戦い、追いつき、追い越すことを目指していかなければいけません。

しかし中学は3年しかなく、本当に時間がありません。だからこそ、他のクラブと同じことをしていてはいけないと、常に考え続けています。

グローリアガールズは、2023年で創部6年目ですが、OG達が高校女子サッカーの舞台で大活躍しています。毎年、たくさんのOGが全国大会に出場しており、高校女子サッカーの聖地・ノエビアスタジアム神戸のピッチにも、3名が立ちました。

この様な恵まれない環境の中からでも、全国レベルの高校から評価され、結果を出している選手が数多く育っています。

自前のグラウンドもなく、練習量も少ない。小学生時代に実績がある選手やとびきり身体能力が高い、スーパーな選手が入団してくるわけでもありません。

この本を手に取り、読んで下さっている多くの指導者の皆さんと同じか、似たような境遇、環境だと思います。

しかし、そんなことを言い訳にしたくはありません。「私なんか……」という気持ちで入ってきた選手を「私でもできる！」にして、次のカテゴリーに繋ぐことが、育成年代に携わる指導者のミッションだと考えているからです。

活躍できる選手とできない選手

高校年代で活躍している選手と、なかなか活躍できない選手には、大きな壁が存在しています。そこには願望ではなく、明確に夢や目標を持っているか。人間性やパーソナリティが大きく関わっていると感じます。

漫画「ワンピース」のルフィが「海賊王におれはなる」と、高らかに宣言する話は有名ですが、それと同じく、純粋に「サッカーが上手くなりたい！」「プロサッカー選手になりたい！」など、大なり小なり夢や目標を持っているかどうかが、大きな要因になっていると思います。

私の教え子に永長鷹虎（大阪・興國高校→川崎フロンターレから水戸ホーリーホックへ育成型期限付き移籍）がいます。

彼は幼稚園の頃から生粋のサッカー小僧でした。小さな時から「プロサッカー選手になる！」と言い続けてきた彼はJリーガーになり、U－20ワールドカップにも出場し、次々に夢を実現しています。

鷹虎はドリブルやカットインからのシュートといった武器を持っています。

上のカテゴリーで活躍できる選手は、自分の特徴を理解し、プレーで自己紹介ができる選手です。プレーで自分の長所や武器を表現し、再現する力がある選手は、高く評価されます。選手が長所を発揮できるように、上手く導くことができるか。指導者には、その力量が問われるのではないでしょうか。

グローリアガールズには、たくさんの体験生が来てくれます。初めてプレーする場所、人の中で、どんな自己表現ができるのか？　人見知りはするのか、しないのか。初対面の相手とでもうまくコミュニケーションがとれるのか、とれないのか。

そのような、サッカー以外の部分も観るように心がけています。

今は「個性なき時代」と言われていますが、周りと行動や雰囲気が違う選手は面白いですし、興味が湧きます。そう考えると、私は「違うところ探し」をしているのかもしれません。それが、その選手の個性だと思っているからです。

例えば、お店に行ったとして「ありがとうございます」と、マニュアル通りに言うだけの店員もいれば、「いつもありがとうございます」と、お客さんを観て、言う内容を使い分ける店員もいます。

この「いつも」という3文字があるだけで、言われた方の受け取る印象は変わりますよね。この店員さんは、自分のことを覚えてくれていたんだと嬉しくなります。そうなれば、またこの店に行こうと思うでしょう。その様な、些細なところに違いやセンスが現れます。それが重要だったりするわけです。

みんなと一緒ではないことが、違いを生み出す。「違い＝個性」です。

そんなところに、活躍できる選手とできない選手の差があるのではないでしょうか。

本人が決めた基準に準ずる指導・関わり

学校の成績でオール４を取ったとします。世間一般で言えば、オール４は良い成績でしょう。しかし東大を目指すとしたらどうでしょう？　その場合、オール４は悪い成績になるのではないでしょうか。

何が言いたいかというと、目指す基準をどこに置くかによって、やること、やらなければいけないことは大きく変わるのです。

サッカーで進路を選ぶ時も同じことが言えます。同じことをしても、本人たちが決めた基準によって、こちらが要求することやレベル、内容は大きく変わります。

サッカーで進学する場合、基本的に中3の夏休みまでに進路は決まるので、実質2年半しかありません。

中学3年間を砂時計に例えると、砂はどんどん落ちていくわけです。しかもグローリアガールズはトレーニング時間が少ないので、日々焦りながら、選手に関わっているのが本音です。

もちろん、本人たちが掲げた基準の高校に行かせてあげたいですが、その基準に満たないケースもあります。それは、サッカー面以外の事柄も大きいです。

そのため、自分で掲げた基準に対して満たないことについては、厳しく伝えます。

よく「厳しい」と言われますが、それは選手たちが、自分で決めた基準に対してなのです。厳しいという漢字の中には「敢えて」という字が含まれています。

厳しいのではなく「敢えて」伝えているのです。

綺麗事だけではなく、嫌われる勇気を持てなければ、選手たちと真っ正面から向き合うことはできません。また、それを受け取る側が「自分の為に言ってくれている」と素直に受け取ることができるか。それとも、深く考えることなく、ネガティブに「怒られた……」と被害者意識を持ってしまうかによっても、結果は大きく変わります。

中学生年代は、思春期の難しい時期です。心が通わず、すれ違ってしまうこともあれば、間違いを繰り返すこともあります。

しかし、選手自身が決めた基準に対して、私が妥協することはありません。敢えて、何度も何度も伝えます。絶対に諦めないし、見捨てることはしません。それは「できる」と信じているからです。

選手自身が決めた基準に対して、厳しくも優しく、本気で寄り添い続け、様々なことを乗り越えていく姿や達成していく姿＝成長を観て感じ取ることが、指導者としての楽しみや喜びでもあります。

掲げる基準は、一人ひとり違います。その中で、基準に対して適切に関われるか。それが大切なのだと常に考え、アンテナを張りながら、選手たちを観て、関わっています。

その成果のひとつとして、サッカーで進学を希望した全員が、スポーツ推薦・特待生での合格内定となりました。これはクラブ創設以降、6年連続です。みんな、良く頑張ったと思います。

これからは、選手たちがサッカーで進学する高校のレベル、基準を理解することが大切になります。そして、こちらはその基準を厳しく求めていかなければなりません。高校入学がゴールではありませんから。

個人スポーツ化思考

サッカーはチームスポーツです。個人スポーツではありません。しかし、最近はサッカーというチームスポーツをしているのに、チーム愛やチームメイトとの人間関係の深さといった部分が気薄になっていると強く感じています。

選手自身が自分のことだけを考え、保護者も我が子の立場や状況だけを最優先に考えることが加熱し、クラブをいくつも移籍しているという話も耳にします。

クラブや指導者に合う、合わないだけではなく「合わせていく力」を身につけることも必要です。そのチームへの愛着やそこで出会った仲間を大切に思うならば、安易に移籍とはならないはずです。

選手自身も保護者も、チームスポーツをしている意味、チームスポーツをさせている意義を常に持ち、全うできていなければ本末転倒です。

Aチームに入っている、レギュラーだ、トレセンに選ばれているといったことに囚われず、「ひとりはみんなの為に、みんなはひとりの為に」や「ワンチーム」など、チームスポーツをしている意味や意義を今一度認識し、指導者がその意味や意義を選手たちに伝えていく必要性を強く感じています。

そのような観点から、グローリアガールズでは、次のような人間になることが大切だと伝えています。

・周りから感謝される人間
・周りから必要とされる人間
・周りから憧れられる人間
・周りから尊敬される人間

「どんな人間か？」であり「どんな人間がサッカーをしているか？」が大切で、レギュラーになることよりも、周りからそう思われる人になることの方が難しいと思います。

そのような人はサッカーだけでなく、何をしたとしても成功するでしょうし、幸せになれるでしょう。

以前、メンタルトレーニングの先生に教えて頂いたワークに「2人組になって握手をし、その人の良いところを3つ言う」というものがあります。

その人を普段から意識していなければ、その人を知っていなければ、良いところを3つということは難しいはずです。

人間はどうしても悪いところに目がいきがちですが、良いところを見ようとする意識を持つことや、他人から指摘されることで自分自身の良さを知ることができる、良い機会になっています。

サッカーは個人スポーツではなく、チームスポーツだからこそ、目配り、気配り、心配りが大切なのだと理解してもらいたい。常々そう思っています。

グローリアガールズの公式戦に、いつも応援に来て下さるOGの保護者がおられます。大阪府の会場だけではなく、他府県の時も来て下さいます。

その方のお子様は、3年間スタメンではありませんでした。グローリアガールズが初めて出場した全国大会では、1回戦敗退だったのと交代枠の問題もあり、中3で唯一、その子だけピッチに立たせることが出来ませんでした。

私自身、今でも後悔していることなのですが、その選手の保護者の方が、我が子もいないのに、毎回後輩たちの応援に来て下さるのです。そしていつも笑顔。本当に凄いなと思いますし、尊敬と感謝しかありません。

楽しさではなく喜びを目指す

「今の選手たちは、楽しさばかりを求めて喜びを知らない」という言葉があります。この言葉に集約されていることがたくさんありますし、これを理解させる為の3年間と言っても過言ではないと考えています。

選手たちに話をする時に、漢字の例えをよく使います。「苦楽を共にする」という言葉がありますが、苦楽には、先に「苦」があります。

楽しいことよりも多く訪れる、苦しいことを共にできる仲間がいることが大切であり、自分が苦しい時、困った時に、共にしてくれる仲間がいるか？と問いかけたりします。

サッカーが上手いだけではなく、いち人間として、周りからどう思われているか。それが、チームスポーツであるサッカーでは大切だと考えているからです。

「楽しさ」は、その時だけの一時的な欲求と言えます。マッサージをしてもらうと、その時は気持ち良いですが、根本的な治療にはなっていませんよね？

言わばその時間だけの快楽です。楽しさは、他人から与えてもらうことができるものです。

一方、喜びとは達成感です。夢や目標、目的を目指し、たくさんの失敗をして、様々な苦難を乗り越えながら、自らの力でつかみ取った成果や結果。これは他人から与えてもらうことはできません。

プレーを褒め続けてもらえれば、嬉しく、楽しいとは思います。しかし、褒めてもらえなければ、楽しくないと感じるようになるかもしれません。

2023年秋の関西大会準決勝。全国大会出場をかけた大切な試合で、キャプテンがゴラッソと言える会心のゴールを決め、チームを勝利に導きました。それは普段から求めていたゴールの形だったわけですが、本人は「あれはヤバかった!」と最高の笑顔で言ってました。彼女の一生の記憶になったかもしれません。

まさにこれぞ「喜び」であり、最高の達成感を味わった瞬間です。これは与えたくても、他人が与えることはできないものです。

グローリアガールズでは「楽しさ」だけを求めることはしません。なぜならサッカーは、もともと楽しいものだからです。

「楽しさの先の喜びを目指す」「喜びを自らつかみとる」。その瞬間の為に、何度も失敗を経験し、真剣に、懸命に日々を積み重ねていくのがグローリアガールズです。

技術をつけることの意味とメリット

2023年度、グローリアガールズからは5人の選手が関西トレセンに選考されました。そのうちの3人は、小学生時代にトレセンに選ばれたことはありません。

高校女子サッカー選手権大会の近畿地方大会の準決勝に、4人のOGがピッチに立ちましたが、全員が小学生・中学生時代に、トレセンに選考されていなかった選手たちです。

その選手を小学生時代から知っている方からすると「えっ、あの子が!?」と驚かれるかもしれません。しかし現実に起こっていることであり、伸びしろという可能性が大きくあることを証明してくれています。

それなのに、小学生時代の自分の立場や状況、実力などから「どうせ、私なんか……」と自分の可能性に気づけていない、ポジティブに上を目指していない選手が多いと感じており、私はそのマインドを変えたいと思っています。

なぜなら、同じ様にトレセン歴や全国大会出場歴がないOGが、高校年代で大活躍しているわけですから。身体の変化や技術の積み重ね、特徴や武器を見つけて磨くことなど、色々な要素が絡んだ結果ではありますが、誰にでも可能性はあります。

サッカーはチームスポーツなので、グループ戦術、チーム戦術も大切です。ボールポゼッションや全体としての動き出し、ポジショニングやコーナーキックの攻守などによって、試合の勝率は上がると思います。

しかし、グローリアガールズに来ている選手は、まだまだ未完成。一足飛びに、そこに行くことはできません。まずは一人ひとり「個人の育成」が必須です。

その中で一番大切だと考えているのは「技術の向上」です。トレーニングは平日1回約100分×2日間しかありませんが、それでも毎回30~40分は個人技術を磨くことに使っています。

技術を高めることに限界はありません。だからこそ、技術を高めることを怠りません。技術はこの先ずっと、選手の源である財産になるからです。

技術を高めることのメリットに「ケガが減ること」があります。身体操作能力、ボールコントロール能力を高めて、しなやかさ、滑らかさ、柔らかさなどが向上することにより、ケガは減少します。

グローリアガールズは創部6年目ですが、女子選手に多い靭帯断裂などの大怪我をした選手は今まで一人もいません。それもクラブの誇れることのひとつです。

技術トレーニングは、決して面白いものではありません。知っていること、出来ていることを繰り返し、集中してクオリティ高くやり続けることは、簡単な様に見えて難しいのです。これは、指導者の方ならわかって頂けると思います。

しかし、グローリアガールズに、手を抜く選手はいません。「なぜ、こんなに多くの時間を技術トレーニングに使うのか」「どうしてこのトレーニングをしているのか」といったことを何度も繰り返し伝えているからです。

選手自身が納得して取り組めていること。続けることに対して、成果や結果を感じさせることが大切なのだと思います。

トレーニングの意味を理解し、納得して技術を積み重ねることにより、先輩たちが何人かではなく、全員が高いレベルで様々なことが出来ているのを観て、自分たちも努力を積み重ね、出来る様になっていく。

そのサイクルがチームとして出来ていますし、試合には勝てなくても「個人技術では関西で一番を目指す！」と伝えています。技術を高めることは、クラブのアイデンティティとなっているのです。

高校の外部コーチをする意味

選手たちに説明し、納得させる為には、自分自身が学ぶことが大切です。

その観点から、私はグローリアガールズの監督をしながら、複数の高校で外部コーチを務めています。

現在、中学生年代の指導をしているので、身近な未来である高校年代の選手を指導させて頂くこと。そして高校年代の監督さんから、多くを学ばせて頂けることはメリットしかありません。

その経験により、高校年代で必要なことや中学年代でやらなければいけないことを、明確に知ることができます。

それによって、現在から未来への矢印ではなく「未来から現在の逆算の指導」ができており、選手たちの成長に大きく影響していることは間違いありません。

大商学園（大阪）、京都精華学園（京都）、日ノ本学園（兵庫）、作陽高校（岡山）、聖和学園（宮城）など、各地の高校でOGがお世話になり、活躍しています。

それぞれの高校にサッカースタイルがあり、指導法があります。その様々なサッカースタイルの中で、グローリアガールズのOGたちは活躍しているのです。

その理由のひとつに「変換力の高さ」があると思っています。いわゆる「脳のアジリティの高さ」です。指導者から求められていることに対して、いかに早くアジャストしていけるか。その対応力は、普段の取り組みの中で意識的に鍛えています。

グローリアアガールズは、フットサルコートでトレーニングしています。しかし試合になれば、広いピッチでのサッカーに適応することが求められます。よく「練習でしたことしか、試合では出来ない」と言いますが、グローリアガールズでは「練習でしていないことを、試合でしなければいけない」のです。

普段はコートサイズもゴールサイズも、公式戦とは違う環境でトレーニングしています。

そんな中で、全国大会出場や関西大会優勝を成し遂げてきた、グローリアガールズの選手たちの変換力や応用力は秀でていると感じます。

それらの能力が、高校で生かされているからこそ、様々な高校から必要とされる、活躍できる選手になっていると自負しています。

フットサルコートで指導できないことはたくさんあります。そのため、試合中にコーチングして、指導すること、要求することが多々あります。

それは試合という環境の中でしかできないことなので、その場で伝え続けるしかありません。ギャーギャーうるさく、オーバーコーチングと捉えられるかもしれませんが、日常の環境がそうであり、高校年代ではその環境でサッカーをしていくので、伝え続けるしかないのです。

そもそも、監督がベンチから指示を出したからといって、すべて出来るものでもありません。それが出来ているグローリアガールズの選手たちは凄いと思いますし、実際に高校年代で大活躍してくれていることが、積み重ねてきたことの正しさを証明してくれています。

すべてをストーリーにする

グローリアガールズは、平日週2日間のトレーニングしかありません。

限られた時間の中で、いかに多くボールを触らせることが出来るか？　運動量を確保出来るか？ 何もしていない待ち時間を減らせるか？ など、すべてのことに対して創意工夫する努力を怠るわけにはいきません。

学校は年齢ごとの横割りですが、中学1年生～3年生と体験生や入団を決めてくれた小学6年生まで、最大3歳差の選手たちを混在してプレーさせることを心掛けています。

それにより、身体能力で劣る部分を工夫しようとしたり、後輩が先輩のプレーを観てチャレンジしたり、先輩が後輩に教えながらプレーしたりと、様々なメリットが発生します。

異なる学年や技術レベルの選手が一緒にプレーするとミスが発生しやすくなり、心理的にもストレスが生まれます。そんな中で自分をコントロールしたり、周りを動かしたり、協働することを覚えることが上達の秘訣であり、変換力や適応力の向上に繋がっていきます。

中学生になると、関西大会や全国大会は40分ハーフです。小学生時代が20分ハーフなので、単純に2倍になり、コートサイズも大きくなります。

そのため、体力やフィジカルの向上は不可欠ですが、素走りやボールを使わないトレーニングは一切行いません。ただでさえトレーニング時間が短いので、ボールを使わないトレーニングに時間を割く余裕はないからです。

ドリブルは十分に、リアルなフィジカルトレーニングになります。パス禁止でドリブルだけのスモールゲームをしたり、トレーニングマッチでも時期によっては、敢えてドリブルを多用することも多々あります。

昨今は猛暑の問題もあるので、フィジカル要素を向上させる時期も考慮する必要があります。それらも踏まえて、手を変え品を変え、体力面やフィジカル向上に努めています。

グローリアガールズでは、フットサルコートという特性を生かし、スモールゲームを多用します。技術や場面を切り取ったトレーニングよりも、ストリートサッカーの要素を踏まえた、スモールゲームというリアルな世界観の中で、身につくものがあると考えているからです。

攻守の切り替えや守備強度、ファーストタッチなど、個人やチームの課題を克服する為に、様々なルール設定や制限をかけたスモールゲームを行います。

「エコロジカル・アプローチ」（ソル・メディア）という著書を出版された、植田文也さんと対談をさせて頂いたことがあります。植田さんの唱えるトレーニング理論と同じように、私も長年「せざるを得ないトレーニング」と称して、様々な環境やルール設定の中で、課題克服や向上を目指すトレーニングを行っています。

選手たちには「やっていることのすべてに意味がある」と伝えています。目標とする大会があるとして、そこで成果を出すために必要なことから逆算して、様々なことに意味や意義を持ち、必要なタイミングで必要なこと、ものをプラスしていきます。

そのような考えのもとにトレーニングを組み立て、チームを創っています。このように、選手育成には「すべてをストーリーにしていくこと」が重要だと思っています。

関西大会で初優勝

２０２３年度に初めて、関西最高峰の「ＪＦＡ Ｕ－15女子サッカーリーグ関西」に参加しました。

その試合の日に、敢えて高校に外部コーチに行く予定を入れて、三木不在の日を数回設けました。

その中には、全国大会出場に絡む、上位クラブとの試合もありましたが、そんなことは関係ありません。２０２３年度のチームは、前年の12月末にスタートした際、選手たちが「全国大会出場」を目標、目的に掲げました。

その目標、目的を達成する為に、敢えて設けた設定でありストーリーなので、周りからは驚かれますが、躊躇することはありませんでした。

それに絡んだエピソードがあります。普段からキャプテンや中心選手に様々な権限を与えているのですが、ある他府県の外部コーチに行っている時に、キャプテンからＬＩＮＥが来ました。

内容は「明日の関西リーグ、三木さんからは『サイドバックはＡさんで行こう』と言われていましたが、今日のトレーニングでBさんの方が良かったので、スタメンを変えても良いですか?」という内容でした。

私が即座に「オッケー!」と返信したら、隣にいた外部コーチに行かせて頂いている高校の監督さんは驚愕していました(笑)。

そのようなことはグローリアガールズでは当たり前で、普段からシステムやスタメン、誰を出場させるかなどはキャプテンたちに相談し、意見を尊重しています。

2023年度の関西大会決勝戦では、同点の後半半ばにキャプテンが「Cさんを出して、システムを3トップに変えて欲しい」と言いに来る場面もありました。

このように選手が主体であり、主導の部分が多くあることも、グローリアガールズの特徴です。

スタメンには、1年生が常に4、5人は出場しています。そのため、全国出場がかかった試合で過緊張になることや、慣れない40分ハーフの試合では、体力的、精神的にも厳しいだろうと想定し、様々な準備をしなければいけま

2023年度、全日本U-15女子サッカー選手権大会で初優勝

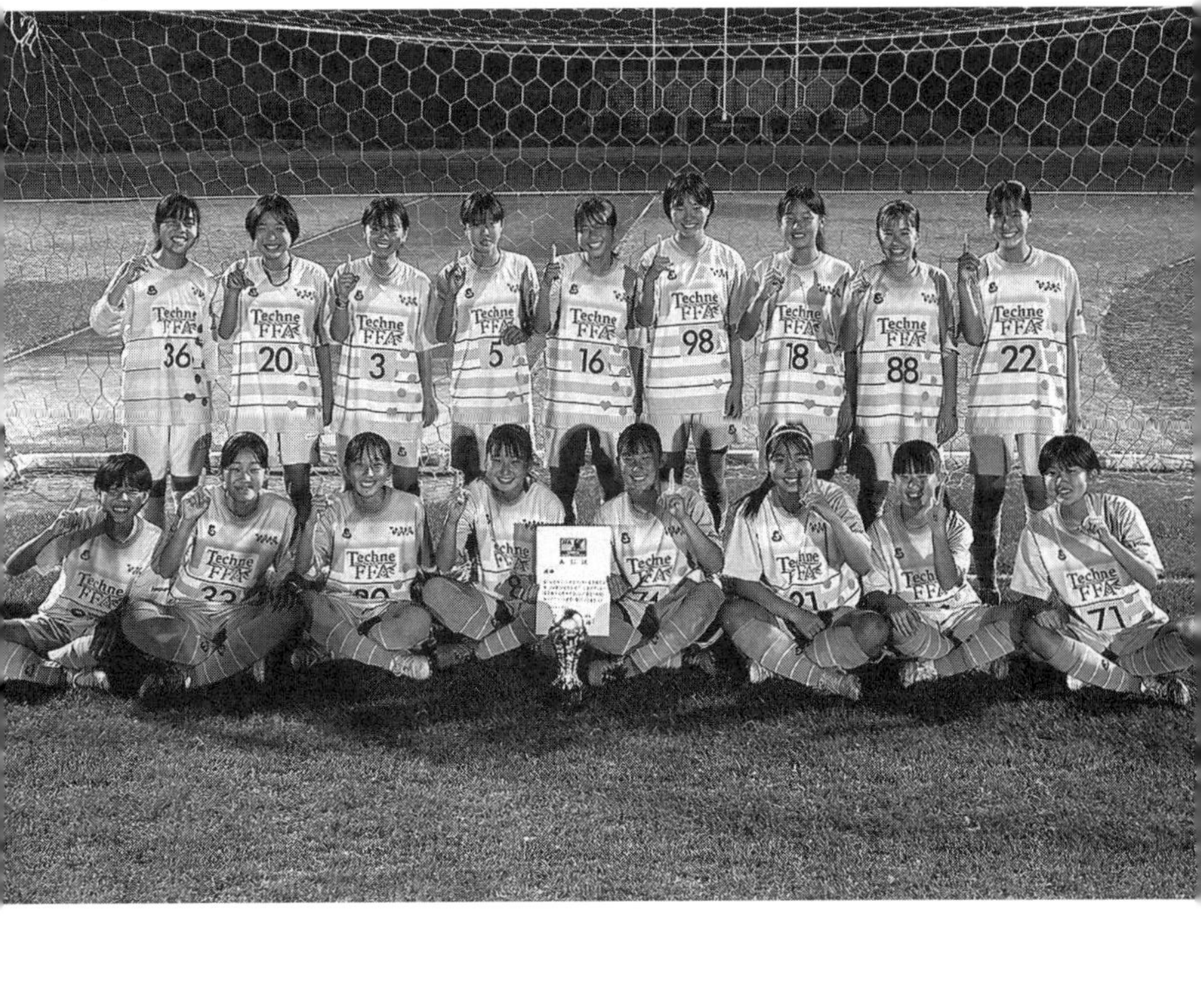

せんでした。

2022年12月に「全国大会出場」という目的、目標を掲げてから11ヶ月。見事に全国大会出場だけでなく、関西大会初優勝というオマケをつけてハッピーエンドで締め括ることができました。選手たちは本当に頑張りましたし、素晴らしかったです。

とはいえ、すべてが上手く進んだわけではありません。指導者には、状況を踏まえながら、目標達成の為に目標設定を高めたり、下げたりと、柔軟に対応できる観察力や行動力といった、臨機応変力が問われます。

関西大会では苦手なPK戦が2試合ありましたが、両方とも勝つことができました。これも事前に準備や対策をした結果です。内容は企業秘密ですが(笑)。

運やツキ、勢いなど計算できないこともありますが「1%でも勝つ可能性を上げるために、出来ることはすべてやる」と、細部にこだわることの大切さを改めて感じた大会でした。

gloriagirls

第2章

進路について

弱者の闘い方

「個」を磨くことで、「強い組織」が作られる

選手に合った進路が大事

育成のミッションは「繋ぐこと」と位置付けているので、進路決定は時間をかけて緻密に行っています。

進路面談を本人と行いますが、

三木「○○高校を志望しているけど、試合は何回くらい見たの？」

選手「1、2回くらいです………」

三木「監督さんの名前は知ってる？」

選手「えっ、知りません……」

三木「私学やし、寮費もかかるけど、金銭面は調べたりした？」

選手「少しだけ……」

三木「そんな状況で進路希望にして大丈夫なの？」

選手「もう1回、よく考えてみます……」

1回目の進路面談は大体こんな感じです（苦笑）。高校女子サッカーは、男子ほどYou Tubeやテレビ放送、サッカー雑誌で取り上げられている情報量も少なく、SNSなどのわずかな情報に頼るしかない現状があります。なので、全国大会に出場している、名の知れた強豪校を希望進路に言ってくることが大半です。

強いから、全国大会に出場しているから、特待生で推薦を受けたからという理由で選んだとしても、その選手にとって本当の意味で良い学校、合う高校とは限りません。

グローリアガールズの様な街クラブに来る選手の大半は、身体的にも技術的にも未完成な選手です。

そんな選手たちの3年後の姿を想像し、想定して進路を決定するには、様々な意味で「見抜く力」が必要になります。

いくら才能や能力があったとしても、その選手に合う進路先に行くことができなければ、高校年代以降で綺麗な花を咲かせることはできないでしょう。

進路先は、サッカー面はもちろん、人間性、性格、学力、家庭環境など、様々な観点から選んでいきます。そこに関しては、指導者の経験値も大きいとは思いますが、進路先のトレーニングや試合、公式戦を何度も見て、監督や先生方とたくさん話をして、指導者自身が、どれだけ進路先のことを知っているか？　理解しているか？　そして、こちらのことや選手のことをわかってもらえているかが大切です。そのためにも、指導者や選手が現場に行き、実際に観て聴くことが、もっとも大切なのではないでしょうか。

進路は最終的に、選手や保護者が決めます。その際に、入り口だけではなく、出口（卒業後の進路）も観る必要があります。その情報の重要性を選手も保護者も知らず、あまり理解せず、進路を決定してしまうケースが多いのではないでしょうか？

高校に入学してから「想像してたのと違った」など、ああだこうだ言っても後の祭りです。様々な観点から、長い時間をかけて、指導者が進路に対して尽力できるかどうか。それが、選手の未来に大きく影響を与えることは間違いありません。

基準の持ち方

「理想を追い求める人」と「現実を追求する人」の2つのタイプがあるとしたら、私は完全にリアリスト。現実主義者です。

指導者が理想ばかりを追いかけて、選手の未来に繋がっていないのであれば、それはただの自己満足に過ぎません。犠牲になるのは選手です。

いくら理想を追い求めても、現実は訪れます。例えば、背伸びして強豪高校に行ったとして、3年間試合に絡めずに終わってしまうケースもあります。そうならない為に、現実的に観る目線、思考は必要不可欠です。

特待生としてスカウトが来たからといって、その高校に行かせるという安易な決定はできませんし、場合によっては特待生よりも条件が良くなくても、その選手の進路として相応しいと判断した高校を推すことも少なくはありません。

グローリアガールズがある大阪府は私学無償化制度があり、私立高校でも他府県の公立高校程度の学費で通うことができます。

一方、特待生で大阪府以外の高校に行った場合、寮費などはかかるので、金銭面の負担はあります。それらに加え、家庭事情や経済状況も踏まえて判断する必要があります。

その他に、全国大会に出場している他府県の強豪校を志望する際に、持っている基準があります。

それは、その高校に行った場合「1年生から試合に絡むことのできる可能性がどれだけあるか?」ということです。

なぜかというと、強豪校には全国から素晴らしい選手が毎年入って来ます。いわゆる「スーパーな選手」が毎年3人は入学してくると考えたら、3学年で9人です。そこにゴールキーパーを入れたら10人。スタメンという枠組みを考えると、残りは1枠しかありません。

その観点からすると、1年生から試合に絡める可能性を考えることは大切です。選手たちは高校で終わりではありません。その先のことも考えて決断する必要があります。

他府県の強豪校を志望する選手には「1年生のときから、試合に絡める自信はある？ それができるなら良いんじゃない」と伝えますし、高校の監督さんにも、クラブとしての進路の考え方を理解してもらった上で、その選手に対する現時点での評価を聞かせて頂ける人間関係、信頼関係を長年かけて構築しています。そこで頂いた評価を、選手にハッキリと伝えます。

未来のことは誰にもわかりません。高校に入ってから人一倍努力をして、成功する可能性もあります。しかし、進路に関しては理想よりも現実的な目線で判断することを推奨していますし、背伸びして無理な判断をさせたくないのが本音です。

それらを踏まえて、グローリアガールズでは「2学年上の試合で平気でプレーできること」は指導基準の1つであり、そのレベルの高校を目指す選手に求める基準となります。

そのため、2学年上との試合を想定して、自分たちよりも身体能力が高い高校女子チームや男子中学生チームともトレーニングマッチを組んでいます。

それはチームの強化としてではなく、選手各自が試合で何が出来ているか？慌てず落ち着いて、平気でやれているか？を観て、現状を把握するためです。

トレーニングや試合で目立っているか？

私がトレーニングや試合中、頻繁に使う言葉があります。

それは「目立っているか？」です。

ありがたいことに、OGたちの活躍もあり、1年を通してたくさんの高校の先生方がトレーニングや試合にスカウト視察で来て下さいます。

そんな時に、選手たちの様子を見て、色々と思うことがあります。

例えば学校の授業は、手を上げず、発言しなくても、椅子に座って話を聞いていれば成立します。ある意味では、参加していればいいわけです。

それと同じような感覚で、サッカーのトレーニングや試合を捉えているのではないかと思うことがよくあります。

なんとなくみんなと一緒に、決められたトレーニングや指導者に言われたことをこなしているだけなのです。

サッカーというスポーツは、1人だけの世界では成立しません。人を感じる、人と合わせる、相手を意識する、気象条件やグラウンドコンディション、スコアなど、様々なものを観て、聴いて、考えて、判断して、実行していくことが求められます。

また、日常生活の中にも、サッカーに繋がるものやことはたくさんあります。

そのような観方や捉え方、考え方を持つことが大切で、誰かに言われたことや知っていることをするだけになっていたり、決められたルーティンの中で生きているだけになってしまうと、悪い意味でサッカーに影響を及ぼすのではないでしょうか。

スカウトの眼鏡にかなう為には、「目立つ」ことが重要です。

具体的には、自分の特徴をいかに発揮するかであり、練習や試合で何回発揮できるかです。

グローリアガールズのコンセプトに「やるべきことをやって、好きなことをする」があります。好きなこと＝得意なことで、それが自分の特徴や武器、個性と言い変えることができます。それをピッチ上で表現すること＝目立つことにも繋がるでしょう。

やるべきことをせずに、好きなことばかりをしているのは個性ではなく、ただのワガママです。

声を出すことや運動量を落とさずにプレーすること、ボールを取られたら取り返すなど、やるべきことをしっかりやった上で「好きなこと」をすることが、目立つことなのだと伝えています。

その中で、できることとやるべきことだけにとらわれて「好きなこと」をピッチ上で出来ていない選手、やろうとしない選手が多いのではないかと感じています。

私としては「みんな上手いですね」という評価よりも「〇番は抜群ですね！」「〇番はヤバいですね！」という評価の方が嬉しいです。

スカウトの方が来た時だけ、公式戦の時だけ、そんな都合よく目立てたり、活躍できるわけがありません。自分の特徴を知り、いかに磨いて武器にできるか。どれだけ課題を克服することができたのか。そのチャレンジを継続できているか。それらはすべて、日々の意識の高さとクオリティが問われます。

そのためにも「チームメイトに巧い！ヤバい！と言われるようなプレーをしないと！」と伝えていますし、中には「常に相手の股と空中を狙え！」と言うこともあります。

頑張ることやあえて頑張らないこと、テクニックや遊び心といった様々なことが加味された結果、選手として「目立つ」ことに繋がるのだと思います。

目立つとは、ドリブルで抜く、得点するなど、華やかなプレーだけではありません。数年前のキャプテンが、全国制覇を成し遂げたこともある名門校のスカウトから声をかけて頂きました。

スカウトの際に、その先生が言ったことがとても印象に残っています。
「あの選手、良いですね。プレーはもちろん、ピッチ外からの声掛けが良くて、好感を持ちました。あのような選手にぜひ来てもらいたいので、声をかけさせてもらっても大丈夫ですか？」

その選手はグローリアガールズで歴代ナンバーワンと言って良いほどにチーム愛があり、仲間想いの選手でした。サッカーのプレーだけでなく、人間的なところでの評価を頂けたことはとても嬉しかったですし、その部分を観ている、見抜くのはさすがだなと勉強になりました。

私は「人間性＝サッカー」「日常＝サッカー」「考動力＝サッカー」と選手たちに伝えていますが、改めてその部分の大切さを認識した出来事でした。

進路に繋げる為の工夫

全国大会出場は、クラブとしての目標の1つですが「育成とは繋げること」という観点から言うと、最大のミッションは進路です。

サッカー人生に関わる進路を、何回かの練習参加だけで決めるのはリスクが高いと思います。小中学生であれば移籍もできますが、高校年代での移籍は簡単ではありません。

そのため進路活動に関しては、様々な工夫を心掛けています。

選手の特徴を高校の先生方（スカウトの方）に理解して頂く為には、選手を観て頂く回数を増やす必要があります。

そこで高校サッカーの公式戦が落ち着いている時期を見計らい、こちらから高校の先生にアポを取り、トレーニングやトレーニングマッチの視察をお願いしています。

これは1年を通じて実施しており、年に数回観てもらう機会を作ることで、選手の成長を継続的に追ってもらえるようにしています。

2023年度の夏休みには、1、2年生の視察に、10人を超える先生方に来て頂きました。わざわざ遠くから来て下さる先生方には感謝しかありません。

各高校にはサッカースタイルや指導法、選手たちの雰囲気、規律、先輩後輩の上下関係、学力、スポーツ推薦制度など、違いや特徴があります。

それを理解するために、何度も出向くことや情報を仕入れて理解することが必要なのです。そして、選手を観て頂く回数を増やし、先生方からその都度、評価を頂いています。

それに対して、選手たちの進路希望先とサッカーの実力や学力を加味し、各選手にアジャストした高校を見つけていきます。

もちろん、片思いで終わることもあれば、相思相愛の場合もあります。相思相愛でも、金銭面を始め、様々な理由で断念しなければいけないケースもあります。

一番の理想は、選手が希望している進路先に「行きたい」ではなく「来て欲しい」と言われることです。その可能性を上げる為に、選手自身が決めた進路先という基準に対して、こちらから必要な要求をしています。

選手自身が高い目標を定めるのであれば、高い要求をされるのは当たり前です。希望進路の基準に満たない場合は、厳しいジャッジをせざるをえません。

選手には「自分に相応しい結果しか訪れないよ」と伝えています。

自分の夢や目標を叶えるため、それに相応しい自分になる為に、やれたかやれなかったたか、答えが出る日は必ず来ます。願望ではなく、明確な夢、目的、目標を持ち、それらを自らの手でつかみとる日が来るように、日々を積み重ねてほしいと思っています。

怪我をさせない＋文武両道

グローリアガールズでは「自由自在に動く、身体創り」と「自由自在なボール扱い」が大きなテーマです。イニエスタ選手が「技術に限界はない」と言っていましたが、これらはサッカーを続けていく上での財産になります。

中学生年代の女子選手は身体の変化や生理などもあり、怪我のリスクが高くなってきます。自由自在に身体を扱えることは、怪我のリスクを減少することに繋がります。

グローリアガールズでは、痛みがあるのに我慢して、テーピングをグルグル巻きにしてトレーニングや試合に出場することはありえません。

「トレーニングを休んだら、試合に出られなくなるかも……」などもありえないですし「痛みがある時はサッカーはＮＧ！」と口酸っぱく伝えています。無理をすれば完治するまで長引くだけですし、痛みをかばってプレーすることにより、他の箇所を痛める要因にもなりかねません。生理痛でトレーニングを見学することや欠席することも問題ないと伝えています。

疲労の蓄積は怪我のリスクが高まる要因にもなるので、その観点からも考慮しています。平日は２日間トレーニングなので、１週間のうち３日間はオフです。

１回のトレーニング時間は最大でも3時間。猛暑である夏場は夕方、夜の時間帯を中心に活動しています。２０２３年度の夏休み期間中のオフ日は、一番活動しているトップチームで13日間でした（夏休みは34日間）。数字で表すと、夏休み期間中の38％がオフだったことになります。

夏休みの活動日数、練習時間は少ない方ですが、トップチームは数か月後に行われた関西大会で優勝＆全国大会出場。サテライトチームも、強豪ぞろいの大阪府リーグ戦で上位リーグ進出を成し遂げました。

夏休み中は遠征も無しで、全員での１泊２日の合宿のみでしたし、「夏場に鍛える」「長期休暇だから強化」という観点はありません。それは今後も変わらないと思います。

休みが多いメリットに「勉強をする時間が確保できる」ということがあげられます。

平日は3日間オフがあるので、勉強をする時間は十分にありますし、塾に行くことも可能です。土日祝も3時間以内の活動なので、1日で考えると勉強をする時間はあります。

それもあってかチームには成績優秀者が多く、毎年のように奨学生（成績での特待生）でサッカー進学している選手がいます。2023年度の1学期では、全体の50％がオール4以上の成績でした。これは、かなり優秀なのではないでしょうか？

ちなみに、テスト期間中の活動停止はありません。通常通り、活動していま す。「テスト1週間前だから勉強する」という習慣を排除したいからです。「公式戦の1週間前だから、トレーニングを頑張る！」というのがおかしな話なのと同じで、常に勉強はするべきだと思いますし、成績が悪いことをサッカーの責任に出来ない様に、勉強する時間は確保しているのです。

高校に行けば、練習日数や練習時間は増えます。今の環境で勉強ができないのは話になりません。サッカー選手である前に学生なので、勉強は不可欠です。

サッカーと勉強の文武両道を目指すことが、高校年代に繋げるにあたり、大切であることは間違いありません。

夢を自分から諦めない

私自身は選手たちに、WEリーガーやなでしこジャパンになって欲しいとは思っていません。ですが、最初からサッカーで夢を持っていない、諦めている選手が多いなと感じます。

努力を積み重ね、階段を上り続けた先に、夢が叶うと考える人が多いと思います。しかし、私は違うと思います。誰もがはじめから、夢を叶えられる場所にいます。

しかし「しんどい」「辛い」「私には無理だ」と自ら諦めて、自分の意志で夢を叶える場所から階段を降りていくのです。

私は元Jリーガーでもなく、選手としての輝かしい経歴はありません。JFAの指導ライセンスもC級しか持っていません。ですが、プロのサッカー指導者として生きていくことを何があっても諦めなかったから、長年続けてこれているのだと思います。

グローリアガールズの選手たちに「今まで、自分の思い描いた通りのサッカー人生を送れてきた？」と聞くと、ほとんどの選手が下を向きます。

小学生時代に大きな実績がなく、希望の強豪クラブのセレクションに合格できなかった選手が大半だからです。

そこで私は「これからも同じことを繰り返すの？　もう夢は目指さないの？」と続けます。出来ないとやらないは違います。やれば出来るかもしれない、可能性しかない選手たちなのに、過去に縛られ、自信が持てない選手が多いのです。

諦めようと思えば、材料はいくらでもあります。グローリアガールズで言えば、専用グラウンドやマイクロバスはありません。練習量も少なければ、セレクションして集めた選手たちでもありません。

でも、創部6年で3回の全国大会出場。高校年代では、高校女子サッカー決勝の舞台・ノエビアスタジアムですでに3人がプレーしています。OGたちは各都道府県大会、全国大会で大活躍しています。「目指さなければノーチャンス」です。私は選手たちに「自分から諦めて、階段を降りていくな」と伝えたいです。

夢や目標はそれぞれが違っていい。「レギュラーになりたい」「大会で優勝したい」「憧れの高校に行きたい」など、自分でサッカーという競技を選んだのであれば「何か」を目指して頑張って欲しいです。

何度も書きますが「私なんか……」ではなく「私でもできる！」と胸を張って巣立っていって欲しい。それらを体現して、道を切り開いている、偉大な先輩の背中を見て追いかけて欲しいのです。

彼女たちには、伸びしろと可能性しかありません。たとえ小学生時代に実績がなかった彼女たちでも絶対にできます。

私はどんなことがあっても、グローリアガールズの選手たちを諦めません。

頑張ることの基準

私は今まで、たくさんの選手を送り出してきました。そして、次のカテゴリーを理解して選手を送り出す為、高校の外部コーチを6年ほど務めています。それぞれの高校で活躍するための基準は理解しているつもりです。

選手が身の丈以上の進路を希望した際には「正直言って、現状では厳しいよ」とはっきり伝えます。

それは決して選手を馬鹿にしているのではなく、もし行ったとしても現状では通用しない、試合に出られない可能性が高いことがわかっているからです。

選手の将来を考えるからこその言葉であり、相手に対する想いがあるからこその苦言であり、優しさだと思います。

よく選手に言うのは「頑張る、頑張らないではなく、頑張り方」「やる、やらないではなく、やり方が大切なんだ」ということです。

やっているから良いのではなく、量が足りなかったり、やり方が違うと、適切な努力にはなりません。

グロリアガールズでは「努力すること＝苦手をやっつけること」と定義しています。

出来ることや好きなことに打ち込むのは容易いです。しかし、自分の苦手なことや嫌いなことに向き合ったり、克服するまで継続するのは簡単なことではありません。

それを、青森山田高校で長年監督をされていた黒田剛さん（現・町田ゼルビア監督）が「努力家と頑張り屋は違う」という言葉で表現されていました。「頑張り屋はただただ頑張っているだけ。努力家は出来ないことを克服しようと努めている人」と言っている記事を読み、共感したのを覚えています。

私は「失敗は良いけど、間違いはダメ！」という言葉も良く使います。

トレーニングでも試合でも「何をやるべきか？」「何を求められているか？」を理解した上で、チャレンジしての成功・失敗は問題ないですが、ただただ頑張るだけや我武者羅にやるだけ。勢い任せや一か八かでは、考えや判断要素が入っていないので、成功したとしても偶発的です。

2×2＝6と間違えて理解しているのなら、どれだけやっても本質的な意味で成功には繋がりませんし、再現性も生まれません。

「友達と仲間の違いは？」「目標と目的の違いは？」「楽しいと喜びの違いは？」など、同じような言葉でも、言葉の意味を理解して使い、使い分けられているかが大切だと思います。そのような言葉や例え話を巧みに使い、選手たちに話が出来るのも、指導者のセンスとして必要な要素だと思います。

第3章

三木流指導法とサッカーの捉え方

弱者の闘い方

「個」を磨くことで、「強い組織」が作られる

「三木ドリ」とは？

三木利章と言えば「ドリブル指導」というイメージを持って下さる方も多いと思います。世の中にはドリブルメソッドがたくさんあるため、私が指導しているチームの先生や選手たちには、わかりやすく「三木ドリ」と呼ばれることが多いです。

私が主催しているスクールでは、ドリブルスクールを「ドリスク」と称し、月1、2回実施しています。

ドリブルを指導しているのだから「三木ドリ」や「ドリスク」と呼ばれるのは当然かもしれませんが、私の中ではしっくりきておらず「呼び名を変えたほうが良いかな?」と思うことがあります。ドリブルのテクニックだけを教えているスクールだと捉えられることが多いからです。

私が指導を始めた頃は、ドリブルを「テクニック」だと解釈して、ボールタッチやフェイント、コーンドリブルのバリエーションややり方、方法論に吟味を重ねていました。

月日が経ち、自分がチームの監督・責任者になった時に、看板となるものを見出す必要があると考えました。そこで自分の好きな技術「ドリブル」を深堀りし、探求することからスタートしたのです。

ドリブルを武器にしているサッカー選手はたくさんいましたが「ドリブルで来るとわかっているのに、なぜ止められないんだろう?」と注目したのが、アルゼンチン代表のリオネル・メッシ選手と元オランダ代表のアリエン・ロッベン選手でした。この2人のドリブルの動画をコマ送りにして、何回も何回も見まくりました。

自分なりに理解を重ね、行きついた解釈が「イメージ通りに身体を操ることの大切さ」であり、人間の動きを指示、命令している「脳」の重要性についてでした。

身体操作が重要であることは、指導当初から多少は理解していたので、ラダートレーニングやサーキットトレーニング、ブラジル体操など、様々なことをしていた記憶があります。

しかし見識を深めるにつれて、身体操作をよりスムーズに、効果的に高める為には「脳」を理解する必要性を感じ、理解するにつれて脳にもアジリティ（明敏さ）があることを知りました。同じ行動や動作をするにしても、脳が素早く処理して判断し、行動するスピードを高めていく必要があると認識したのです。

探求の過程で、ライフキネティックやシナプソロジーを知り、自分なりに学び、理解を深める中で「どうすれば、サッカーに繋がるトレーニングに出来るのか？」を、長年、試行錯誤し、アレンジしながら現在に至ります。

私は長い指導者生活の中で、いくつかのチームを指導してきましたが、なぜかすべて「練習日数が少ない」「グラウンドが狭い」といった環境のチームです。

サッカーにおける身体操作能力やアジリティの重要性を理解した上で、ラダートレーニングやサーキットトレーニング、ランニングやダッシュなどをしていた時期もありました。

しかし、トレーニング時間が少ないチームを指導しているので、少しでも多くボールを触る機会を創出したい気持ちがあります。

ボールを使わないトレーニングも必要だと理解していながら、何とかならないのだろうかと悩んでいたのです。

そこで、コーディネーショントレーニングの要素である「複数同時操作」を用いて、ボールを使いながら、ボールを使わないトレーニングで求めている効果や成果を導き出せるように改善し、進化させていくことを考え始めました。

限られた環境の中で一石二鳥、三鳥のトレーニングを創出することが、私の指導の根底にあり、それが真髄でもあります。その1つの形式が「三木ドリ」です。

自由自在に動く身体創りと自由自在なボール扱い

私のサッカー指導の根幹にあり、ドリスクでテーマにしているのが「自由自在に動く身体創り」と「自由自在なボール扱い」です。

「自由自在に動く身体創り」よりも「自由自在なボール扱い」に焦点を当て

てしまうと、到達するゴールは大きく異なるものになります。

「自由自在に動く身体創り」を具体的に言うと、人間の体で曲がる部分である足首、膝、股関節の内旋・外旋。肩甲骨や捻る動作の使い方、上半身のリラックス、掌の向き、姿勢など、フォーカスするポイントは多岐にわたります。

それらの要素を含んだボールタッチ、コーンドリブル、リフティングを継続し、自由自在に動く身体創りを推進しています。

スムーズに、滑らかに、ひっかからず、自由自在に動く身体があってこそ、様々な部分の可動域や、動かすことの出来る幅も大きくなり、自由自在なボール扱いのクオリティが高まります。また、それらの回路が繋がっていくことで、サッカーの成長にも繋がっていくと考えています。

私の子どものころと比べると現代は外遊びの環境が激減し、子どもたちの運動能力や体力の低下が危惧されています。そのような状況も踏まえて、海外の名門サッカークラブでは、サッカー以外のスポーツを取り入れて活動しているという話を聞きました。サッカーを上達させるために、他のスポーツ環境を創出しているわけです。

「自由自在に動く体創り」のためおんぶや倒立（P72）など、
普段あまりしない運動を取り入れている

21

しかし日本の場合、サッカーを上達させるために、サッカーをする時間や量を増やそうとするのではないでしょうか。

もちろん、同じ動作を繰り返すことで、上達する部分もあるとは思います。一定の部分は特化するかもしれませんが、全体的な観点から考えると、成長度合いの幅が少ない、あるいは乏しくなりはしないでしょうか。

サッカーは脳から一番遠いところにある「足」を使う、難しいスポーツです。難しいスポーツであるがゆえに、運動経験が少ないことが成長の妨げになったり、怪我に繋がる要因になることは、容易に想像することができます。

そのためグローリアガールズでは、トレーニング前に倒立や手押し車、おんぶ、ブリッジなど、日常生活の中ではあまりしない運動や色々なボール遊びを入れるなどの工夫をしています。そして、毎回行うリフティングやコーンドリブルにコーディネーショントレーニングの要素を組み込み、脳と神経系に刺激を入れることを狙いとしています。

2023年度に初めて参戦した関西U-15女子リーグ。そして関西大会準決勝、決勝戦は40分ハーフでした。グローリアガールズの練習量は少ないですが、40分ハーフで走れていない印象はまったくなく、スタメン出場の1年生たちも普通にプレーすることが出来ていました。これは普段の取り組み方で養うことが出来ている部分であり、奥深いところであると思います。

私は、よく海外のサッカー関係者が「意味がない」と言うリフティングやコーンドリブルと、サッカーが上達するために、サッカー以外のスポーツを取り入れることは同じ観点だと考えて取り組んでいます。

この視点や観点、実行の部分は、まだまだ改善の余地があります。進化の過程なので、これからも深く探求していきたいです。

これが正解というものはない

女子選手特有なのかもしれませんが、初めてのことや出来ないことがあると「これって、どうしたら良いんですか?」「出来るコツってありますか?」と、すぐに答えを求めてくることがあります。そこで「コツはコツコツやることや!」と返答し、苦笑いされるという一連のくだりがあります（笑）。

各自にはあるとしても、本質的な意味でサッカーに答えや正解はなく、その答え無き答えを探求していくことが楽しさでもあり、苦しみでもあり、喜びでもあるのです。

SNSを覗くと、ドリブル支持派とパス・ポゼッション支持派の論争や、自チームと他チームを比べたり、どこかの試合やチームを批評するようなことを目にします。

そこには正解・不正解や、正しい・正しくないという「答え」があると言いたいのでしょうか？　私には不思議でしかありません。

「キリスト教とイスラム教のどっちが正しいですか？　良いですか？」と論争をしたところで、正解も答えもないのと同じです。

「氷山の一角」という言葉がある様に、見えているわずかな部分だけの解釈で、すべてを知っているかの様に正解・不正解を突き付けるのは違うと思います。

自分の考えは、あくまで自分の正解や答えであり、それが万民にあてはまるわけではないのです。

1万円は誰にとっても1万円ですが、人によって価値や解釈は変わります。

みんな、それぞれが違って良いわけです。この本に書いている内容も、あくまで私の置かれている立場、役割、状況、環境などからの正解や答えを、自分の解釈や意見として書いているだけです。そこに賛否両論があって当たり前です。なぜなら、すべて私と同じ境遇の人間なんて、この世にはいないからです。

あるトレーニングマッチでのことです。前半は自分たちのサッカーを魅せて、複数得点。思い通りの試合展開で嬉しかったのもあり、上機嫌で大笑いしながらハーフタイム終了。

後半に入り、上手くいかないシーンやミスが増え、雰囲気もサッカーも停滞。結果的には勝ちましたが、課題が残る試合となりました。

ハーフタイムに大笑いし、リラックスすることができて、後半のパフォーマンスが上がっていれば問題ありません。グッドゲームです。

一方、慢心して集中力が欠け、後半の内容が悪くなったのだとしたら、それは間違った行為です。しかしながら、ハーフタイムに大笑いしていたこと自体が間違いではないし、真面目に作戦ボードを使って、ミーティングすることが正解でもありません。

すなわち、やる・やらないではなく「やり方」。頑張る・頑張らないではなく「頑張り方」が大切なのです。同じことをしても、成功と失敗があります。間違いと正解があるという、良い例だと思います。

ドリブルのトレーニングに関して言えば、指導を初めた頃と今とでは、大きく解釈が変わっています。メニュー自体はそれほど変わりませんが「身体操作能力」を高めるという観点、視点からトレーニングを行っています。

大きな目標で言うと「軸足を無くすこと」を目指しています。

軸足があることにより、軸足が支点になってしまい、重心移動の妨げとなります。その結果、力が正しく伝わらなかったり、ボールが足から離れてしまう現象にも繋がってしまいます。また、怪我の要因にもなります。

その為のキーファクターとしては「踏ん張らない」「踏み込まない」「足裏を速く剥がす」「かかとをつけない」「軸足ステップ」「姿勢」「上半身の脱力」などがあります。軸足が無くなることはありませんが、それに近づけていくことは身体操作により可能です。

「軸足を無くす」ことは、ドリブルだけでなくコントロールやキックなど、すべてにおいて大きなテーマです。

サッカーは「移動」するスポーツであり、よりスムーズに動くために「力を効果的に伝えること」が必要になってきます。

サッカーでは視野の確保の観点から、姿勢が良い方がいいと言われています。でも、リオネル・メッシ選手は猫背気味ですよね。

視野の観点から言えば、結論は形式でなく「観えているか」が重要なわけです。猫背でも「観えている」ならば、正解であり答えでしょう。

もちろんセオリーや統計的に正しいことはあると思いますが、骨格も筋肉も違う、万民に当てはまる「これが正解」というものはないと思っています。

野球のピッチャーには、様々な投球フォームの選手がいます。自分にとってやり易い型を試行錯誤しながら見つけて、それを変化、進化させていくことが大切なのだと思います。

昔と今では、違っていることがたくさんあります。私が今、正解と思っていることが、数年後も正解とは限りません。「前はダメだと教えていたけど、これってアリよね！」といったように、変化を恐れず、柔軟に対応していきたいです。

大事なのは指導者がイメージを持つこと。年々、体は動かなくなってきますが、頭の中はファンタジスタでありたい。常に新しいことや面白いことを創出できる、クリエイティブな自分でありたい。これまでの経験や固定観念に縛られず、答えありき、結論ありきにならず、柔軟な観方や捉え方、考え方を持っていたいです。

持っている能力を発揮させるために

私が指導をする上で大切にしている要素の1つが、身体操作能力を高めること。いわゆるコーディネーショントレーニング能力です。

小学生時代の評価は、その時点での身体能力やサッカーの技量でしかありません。私は「コーディネーション能力の低さから、その選手の持っている100％の能力に対して、発揮できている率が低いんじゃないか？」と考えます。今、80あるものを100にすることを目指すのも大切ですが、まずは今の80という力をすべて出せる様にすることが先決であり、大切であるという考え方です。

これはサッカーの技術だけに限るものではありません。

グローリアガールズでは「心・頭・体・技」の4つに対して、各自が成長を促す様にアプローチしています。

日常のトレーニングは全体に対してのトレーニングであり、各自の課題に対してのパーソナルトレーニングではありません。選手が40人いれば40人とも「心・頭・体・技」の基準や現状が違います。

各自、サッカーや進路に対して、求めることや目指す場所、意識レベルもバラバラです。それらは成長に伴い、変化していくものでもあります。

サッカーはチームスポーツではありますが、各自の夢や目標という理想と、それに対する現状の課題を把握し、その基準に対して相応しい強度で、どれだけ個別にアプローチし、要求することができるか。それが大切なのではないでしょうか。

また選手自身が、自分のことをどれだけ理解できているかもポイントです。

自分の長所や武器に気づくことができていない選手は多いですし、長所や武器を上手く発揮できない理由がわからず、精神論に原因を求めるのはよくあるパターンです。

グローリアガールズでは、努力を「苦手をやっつけること」と定義していますが、努力をして、苦手を克服していくという、誰もが知っている、当たり前を理解して実行することが出来ていない選手が本当に多いです。

逆足が蹴れないこともヘディングが苦手なことも体力がないことも、今日気づいたことではないはずです。今、その選手に課題があるとして、明日から1日10分、1年間やり続ければ、ほとんどの課題や苦手は克服することができます。

それはつまり、出来ないのではなく、やっていないだけ。「出来ない」と「やらない」は違います。また、自分では努力していると思っていても、努力の量が足りなかったり、努力の仕方を間違っていては意味がありません。「やっている」と「出来ている」は違うのです。頑張っていない選手はいませんが、頑張っているのは自分だけではないのです。

指導者が選手のことをどれだけ理解して、適切な強度でアプローチすることが出来るか？　そして選手が自分自身のことをどれだけ理解し、自分が目指す場所や基準に相応しい努力をしているか？　努力の意味と量、そしてやり方を理解していることが大切なのです。

夢や目標が願望で終ってしまうことがないように、指導者、選手の両方が理解し、実行、継続して、ピッチで自分を表現し、自己紹介の様なプレーができる選手になって欲しいと強く想います。

練習していないことを試合でしなければいけない

ある選手が腰痛に悩んでいました。様々な病院に通いましたが完治せず、痛みの再発を繰り返していました。ある時、名医と呼ばれている方と繋がることができ、治療して頂きました。

その方は腰痛の症状を聞き、身体全体を触った後、痛みの出ている腰ではない部位を圧迫したり、曲げたり、マッサージをしていました。

施術後、選手は「痛みがない」と言っていました。普通は「腰痛＝腰そのものに問題がある」と考えると思います。しかし、原因は腰以外の部分にあり、腰ではない、痛みの理由となる部分を見つけ出し、施術することで良くなったわけです。

私の教え子に永長鷹虎という選手がいます。彼は興國高校から川崎フロンターレに入り、2023年シーズンは育成型期限付き移籍で水戸ホーリーホックに在籍。U－20ワールドカップにも出場しました。

彼はドリブルが代名詞の選手ですが、実はキックがとても上手です。小学生時代からゴールを量産していましたし、興國高校時代にはプリンスリーグで得点王になりました。U－20アジアカップ準決勝イラク戦では、カットインから左足で鮮やかなゴールを決めています。

私が指導していた小学生時代、彼のチームには魅力的な選手がたくさんいました。彼らの試合を観て、興味を持って下さった指導者の方々が、数多く練習見学に来られました。

その際によく言われたのが「みんな体が小さいのにめちゃくちゃボールを蹴れるし、シュートが物凄く上手いのでビックリしました」ということでした。

当時のチームはフットサルコートサイズで練習しており、サッカー用のゴールはありませんでした。また、チームにはたくさんの選手がいたので、待ち時間が長くなるような練習は好ましくないという理由から、個人にフォーカスしたシュート練習はしていませんでした。

ある有名な指導者の方から「あれだけのドリブルチームやのに、何であんなにキックにパンチ力があるんや?」と聞かれたのも印象に残っています。

グローリアガールズも、日常のトレーニングはフットサル場です。

2023年度の関西大会では、ペナルティエリア外からのカットインの後、逆サイドに決めたスーパーゴールが生まれました。ほかにも、30メートルほどの距離からのフリーキックを2発決めました。対戦したチームの監督さんに「グローリアガールズの選手は、なんであんなにキックが蹴れるんですか?」と質問されたほどです。

このような質問、疑問の背景には「キックやシュートは、蹴る練習をたくさんすれば上手くなる」という固定観念があるのではと推測します。

しかし、フットサル場で練習をしていて、サッカー用のゴールがあるわけではないので、試合に近い状況でのシュート練習は、したくてもできません。当然、フリーキックの練習もしていません。

2021年度の大阪府予選、関西大会、全国大会では、6試合連続でコーナーキックから得点したのですが、もちろんコーナーキックのトレーニングもしたことがありません。

定説として「練習したことしか、試合ではできない」という言葉がありますが、極端に言うと、私が指導するチームは環境の問題もあり「練習していないことを試合でしなければいけない」のです。

FCバルセロナのトレーニング映像を観たことがあるのですが、リオネル・メッシ選手は、正規ゴールの中に少年用ゴールを入れて、正規ゴールと少年用ゴールの隙間を狙ったシュート練習をしていました。

「シュートはコースを狙え！」と言わなくても、ゴールの置き方によって、コースを狙わなければ入らない環境を作っていたわけです。

他にも「5分間で多くゴールを決めた方が勝ち」というルールを設定するだけで、コースを狙おうとする意識は間違いなく上がると思います。

そのような環境設定やルール、制限を設定することで、技術面や心理的な要素も含めた工夫を創出していきます。

また、様々な状況でトレーニングを行うことで、脳力、感覚、イメージ、変換力などを鍛えることに繋がり、「練習していないことが試合で出来る」という現象を生み出すきっかけになっていると考えています。

そして、これらの根底には「自由自在に動く身体」と「自由自在なボール扱い」があることは言うまでもありません。

ちなみに、グロリアガールズはＰＫ戦が苦手です。ＰＫ戦により、全国大会出場を逃したこともあります。

２０２３年度はあるルール設定をして、ＰＫ練習を行いました。その成果もあってか、関西大会では2試合あったＰＫ戦で勝利し、全国大会出場に繋がりました。

どんなルール設定でトレーニングをしたかは企業秘密です。気になる方はぜひそれを聞くついでに、グローリアガールズのトレーニングに遊びに来て下さい（笑）。

足の回転率を上げる

速いドリブルができるようになりたい人は、スピードに目が行きます。私の場合は足を速くするというスピードの観点よりも、足の回転率を上げることに重点を置いています。

車に例えるなら、タイヤをより速く回すイメージです。

野球で言うと、球速の速いピッチャーではなく、ボールにキレがあるピッチャーを育成したい。キレ＝速さではありません。でも、相手からすると速く見える。その様に「相手を錯覚させる身体能力」は、目指すことの1つです。

5メートルの距離でボールを5回触るのと、10回触るのでは、ステップの細かさが変わります。たくさんボールに触ると、ゴールに到達するスピードが遅くなるのは当たり前です。

しかし極端に言うと、10回触ったとしても、5回触るときと同じスピードでゴールすることを目指しています。

ボールタッチが多いことにはメリットもあります。いつでも止まることができたり、素早く方向転換をすることができます。

「ボールタッチが多いのに、速く移動する」という矛盾を可能にすることを目指して、身体操作能力、脳のアジリティ、身体のアジリティを磨き、理想を追求しています。

素早く足を動かそうとするとき、素早く移動するときに邪魔になるのが軸足です。

車に例えると軸足はサイドブレーキで、かかとはブレーキです。

サイドブレーキやブレーキを効かせながら移動しているのだから、スムーズに動けるわけがありません。

暑い砂浜を、裸足で移動することを想像してみて下さい。足裏は地面にベッタリとつけませんよね？　少しでも地面に接する部分を減らそうとして、つま先立ちの様な走り方になるはずです。

その時、軸足を踏ん張ることはせず、かかとをつけずに走っているでしょう。それが一番早く動くことのできる方法です。

暑い砂浜という劣悪な環境に置かれることにより、頭で考えなくても身体が勝手に反応し、そう動いているのです。

反射や反応の動きも含めて、技術発揮の為には、軸足を抜く、無くす作業は必須です。

普通はドリブルを上手くするために、ドリブルの練習をすると思いますが、私の場合はかかとを地面につけないこと、踏ん張らないこと、踏み込まないことなど、身体操作能力を高める為に、ボールを使ったトレーニングをする＝ドリブルトレーニングというイメージです。

外からは技術練習のように観えると思いますが、実際は違います。私の中では、ボールタッチのメニューやバリエーションは、さほど重要ではありません。

そのボールタッチやコーンドリブルの仕方、動き方は、身体操作能力の向上、そして自由自在なボール扱いにどう繋がっているか、繋げることが出来ているかが、着眼点になっています。

コーンドリブルやスモールゲームをする意味

グローリアガールズは、平日週2回しかトレーニングがない中で、必ず約30分はリフティング、ボールタッチ、コーンドリブルをします。

これは全部、自主練でもできることです。でもあえて、貴重な全体練習の中でやっています。なぜならば、それがグローリアガールズの根幹として必要だからです。

コンディショニングの先生に「正しい動きは5000回しないと身につかない」と、教えて頂いたことがあります。

言い換えると、正しくない動きを100万回しても、本質的な意味では身につかないということです。これは相当難しいことです。

すでに知っていることや出来ていることを繰り返すことは、大きな意味を生みません。しかし、知っている、出来ていると思っていることが、実は正しいとは限らないのです。それをチェックする為に、毎回トレーニングしている面もあります。

先輩の立場からすると、後輩に教えることで学びがあります。先輩を手本に見様見真似でやることや、正しくない部分を指摘されることで、それを聞いている他の選手たちも再確認、再認識することが出来ます。

グローリアガールズのトレーニングを視察された方に「凄く熱心に技術トレーニングに取り組んでおられますね。それこそが育成ですね」と言われることがあります。

もちろんその通りなのですが、一方で「試合に勝つ為に、リフティングやドリブルをしている」のが本音です。

スポーツをする以上は、勝利を目指してやることが大切だと思います。試合のとき、選手に「なんの為に、あの練習を繰り返して行っているの？」とよく言いますが、やっていることのすべてが、選手の成長に加えて、試合の勝利に繋げる為でもあるのです。

私たちが取り組んでいるようなトレーニングは、強豪クラブやプロクラブの育成組織では、絶対にやっていないと思います。だからこそ差別化となり「この部分では相手に勝てる」と自信を持って言える部分を創り出していくことが大切なのです。

「そこでは負けない！」「絶対に勝てる！」と思えるものがあることが、アイデンティティになります。

グローリアガールズには、身体能力的に秀でている選手が多くはないので、30メートルの競争やロングボールの飛距離、ヘディングの競り合いなど、身体能力が影響する局面では分が悪いです。

無理やりゴール前にクロスを上げたところで、相手の屈強なディフェンスにヘディングで跳ね返されて、カウンターを喰らうこともあります。

現時点ではどうしようもない身体能力の差を理解した上で「どうすれば自分たちが優位に立てるのか？」「相手を上回ることが出来るのか？」を考え、闘い方を構築していかなければいけません。それが普段から取り組んでいることであり、結果として育成に繋がっていくと考えています。

私たちが志しているのは、ペナルティエリアの幅でサッカーをすること。

コンパクトな距離を保ちながら、相手の守備を中央から崩すサッカーです。

ペナルティエリアの横幅とフットサルコートの横幅はほぼ同じサイズです。正規のペナルティエリアの約2個分が、フットサルコート1面になる計算です。

それを2面合わせたコート（ペナルティエリア4個分）で、11人対11人のゲームを頻繁に行います。つまり、中央のハーフウェイラインを越えると、ペナルティエリアの中という設定です。

このコートの中で、様々なルール制限をつけたゲームを行います。その環境でシュートを打たせないこと、それをかいくぐる攻撃にチャレンジすることを目指しています。

鬼ごっこをするとき、コートが狭い方が鬼は楽です。つまり、コートサイズの広いサッカーをさせられると、能力が低い弱者の私たちには不利なのです。

そのため、いかにして自分たちの土俵であるスモールゲームに持っていくことができるか。それが、強者に勝つための私たちの闘い方です！

グローリアガールズが志しているのは
コンパクトな距離感で相手の守備を中央から崩すサッカー

ドリブルは実戦で身につける

よく「三木さんのドリブルトレーニングを継続していますが、試合でなかなか相手が抜けません。どうしたらいいですか？」という質問を受けます。

他の指導者の方やスクールはわかりませんが、私の実践しているドリブルトレーニングは、何度も伝えている通り「身体操作能力の向上」を目的としています。

ドリブルと言っても、突破（相手を抜く）だけではありません。運ぶドリブルもキープするドリブルもあります。サイド、中央、ゴール前など、どの場所なのか、相手と仲間がどの位置にどれだけいるかなど、状況やシチュエーションによって、選ぶドリブルの種類もコース取りも、スピードも身体の向きも変わってきます。

そのため「こうすれば、ドリブルで抜けるようになりますよ」という答えを言うことが出来ません。ドリブルで抜けるようになる為には、様々なシチュエーションで、たくさんのチャレンジと失敗を繰り返すしかありません。

私が対人トレーニングで伝えているのは「常に相手と正対すること（相手に胸やヘソを合わせる）」です。それにより、相手の左右どちらにでも抜くことが出来る可能性が広がり、相手は不用意に飛び込むことが出来なくなります。

次に、右、左、真ん中（股下）、空中の4つのコースをイメージしながら、相手と駆け引きをすることです。一か八かでは無く、ボールを取られないことがベースとしてあり、その上で相手を抜くことを企む（引き分けの発想）など、他にもまだまだありますが、偶発的ではなく、意図的にすることを伝えています。

それ以外では、試合を想定した様々なシチュエーションで、対人トレーニングをすること。そこには間合いや駆け引きが発生していることが大切で、守備側にも様々なタスクが求められます。

グローリアガールズでは、ドリブルゲーム（パス禁止）の2対2や3対3をします。「パスを禁止するなんて、ドリブルだけで判断がないのでダメだ」と言われるのは百も承知です。

これも、リフティングを技術練習として捉えていないのと同じ要領です。ドリブルをするのってしんどいんです。ただ走るだけではなく、ボールも扱わないといけないので、さらに疲労します。

グローリアガールズはほかのチームと比べてトレーニング量が少ないです。だから、ドリブルゲームは体力強化、フィジカルトレーニングになっています。

女子選手特有かもしれませんが、守備時にボールに寄せるだけで、ボールを奪うところまで行かない選手が非常に多いです。

人間は誰しも痛いこと、しんどいことは嫌いです。しかし、痛いことやしんどいことをしなければ、サッカーは成立しませんし、勝てません。

ドリブルゲームをすると、パスが無いので、多くの場面でボディコンタクトや球際の攻防が発生します。本来はやりたくない、苦手な痛い、しんどいことをせざるをえないトレーニングなのです。

ドリブルゲームを「ドリブルで抜く力を身につける」「こぼれ球を予測する」「守備のチャレンジ&カバー」「球際の攻防」「フィジカルトレーニング」と考えると、一石五鳥のトレーニングになります。

その結果、関西リーグや関西大会で、1年生が40分ハーフの試合を平気でこなしていました。それは、このドリブルトレーニングで身につけたものに間違いありません。

自信とは自分との信頼関係

成功、失敗関係なく、できない動きを継続するだけでも能力は上がっていきます。腕立て伏せも、やり続けたら筋肉はつきます。それと同じで、何でも継続してやり続けることに意味はあります。

ただし「正しい動きを5000回をすることで身につく」ではありませんが、どんな意識を持って、どんなやり方でトレーニングをするのかが重要です。

DVDや本で練習を見て真似をするときに、軸足はどういうステップを踏むのかなど、ポイントを教えてもらっている子と、教えてもらっていない子では、上達の度合いが違うと思います。とはいえ、普段やっていない動きをすることに意味はあるので、見て真似をして取り組むことが、プラスになることは間違いありません。

大事なのは自分に矢印を向けてやること。自信とは、自分との信頼関係です。自分で決めたことをコツコツやり続けていたら、自分に対する信頼が生まれます。自分に嘘をつかないことが自信になるのです。

たとえば「毎日3キロ走る」と決めたら、どれだけしんどくてもやる。それが自信に繋がります。誰かに褒めてもらったり、認めてもらえるから自信がつくという考え方が、すべて正しいとは思いません。

なぜなら他人からの評価は、人によって変わってしまうからです。自信は他人につけてもらうものではなく、自分でつけるものです。人に何とかしてもらうという感覚でいると、いつまで経っても自信はつかないのではないでしょうか。

「信頼関係」はありますが「信用関係」という言葉はありません。

「信頼」は複数が関わるものなので関係という言葉がつきますが「信用」は対自分なので、関係性はありません。信用は個人のもので、信頼は仲間から受けるもの。信用は自分で作るもので、信頼は人とのコミュニケーションや人間関係から生まれるものです。

漢字には深い意味があり「聴く」という漢字には、耳と目と心が含まれています。相手の目を見て、耳で聞いて、心で言葉を感じる。それが本当の意味で聴くことなのです。

「みる」にも「見る」と「観る」があります。試合のときは観察の観るが適しています。このような話を選手たちによくしているので、高校の先生に「中学生なのに、みんなしっかり大人と会話ができますね」と驚かれることがよくあります。

私の教え子は、高校や大学などでキャプテンを任される選手が多いです。この様なことも、理由の1つなのかもしれません。

もちろん、私の話を聞くだけでなく、アウトプットする場も設けています。それがLINE報告です。練習が21時に終わるので、毎日23時までに、その日の練習や試合の感想をグループLINEに送らせています。

自分の考えを文字で伝える勉強になりますし、思い出しながら書くことによって、その日に学んだこと、感じたことなどが記憶に残りやすくなります。

グループLINEなので、自分以外の人の考えや意見を知ることが出来るのもプラスです。サッカーはコミュニケーションスポーツなので、伝える力はとても大切です。それは書くことや言葉を交わすことで身についていきます。

日々、選手たちとこのようなやりとりをしているので、思考力や言語化能力が高まってきていると感じています。

日本の中に南米とヨーロッパがあって良い

日本の育成年代には、色々なチームがあっていいと思います。日本の中にブラジルがあっていいし、スペインがあってもいい。色々なサッカースタイルが存在していた方が、良いと思うのです。

ロングボールを蹴るチームはよく批判されますが、裏を返せばキックの素晴らしいセンターバックや、裏抜けが得意なアタッカー、セカンドボール回収が得意なボランチが育つかもしれません。

見方によって良いところもあれば悪いところもあるのに、安易に批判する人が増えているのではないでしょうか。

日本食が好きな人もいれば、中華料理が好きな人、西洋料理が好きな人もいます。それなのに、どの料理が一番かを決めようという議論をする人があまりにも多い。

もしもサッカーに正解や一番良いものがあるのなら、みんながそれをしているはず。何がしたくて、どれを選ぶかは、その人やクラブによって違っていいいと思います。

私は本気でやっている人のことを、悪く言う人間にはなりたくありません。傍から見ているだけではわからないチームの事情があったり、バックグラウンドがあったり、見えない苦労が多々あるわけですから。

サッカーをする上で大切なのは、己を知ることです。自分はどんな人間なのか。どんな特徴を持っていて、それを発揮するためにどうするかを考えること。

指導者も、その選手が何者かを知っていなければ、間違ったこと、必要のないものを与えてしまうかもしれません。

日本の教育は成績1の生徒と成績5の生徒が同じ授業を受けます。それは本来、適切ではありません。成績1の生徒にとっては難し過ぎる授業も、5の生徒にとっては簡単すぎるからです。

サッカーの育成も同じで、選手に合ったオーダーメードの方がいいのではないでしょうか。私としては、全体練習はそれほど必要ないと思っています。もちろんゲーム形式のトレーニングは必要ですが、FWだけ、中盤だけ、DFだけの練習があってもいいと思うのです。センターフォワードとサイドバックは、求められるプレーが全然違うのに、同じ練習をしていますよね。

基礎的なトレーニングや、絶対に必要なトレーニングはみんな一緒でもいいのですが、ポジションによって違う練習をしてもいいのではないかと、常々思っています。

高校サッカーのように、毎日練習ができる環境であれば、週に1度や毎日少しの時間でも、サイドバックはクロスを入れる練習、センターバックは回転をかけてフィードする練習をするといったように、ポジション別の練習をするのもひとつのアイデアだと思います。

サッカー観を固定化しすぎない

グローリアガールズを卒業して高校に行くと、それぞれ違うサッカーに適応することが求められます。そのため「サッカーとはこういうものだ」と、言い過ぎないようにしています。

日本の子どもは教育の仕方もあってか、覚えることが得意で、自ら考えること、生み出すことが苦手です。マニュアル通りにした方が楽だし、見栄えはいいです。

たとえば、荷物をきちっと並べて揃えることも、やり方を教えると、見栄えは良くなります。でもその意味を、子どもたちはどこまでわかっているのでしょうか?

パターンを覚えさせることや、マニュアルを突き詰めると、誰がやってもよくなるし、同じになってしまいます。

野洲高校（滋賀）が日本一になったとき、山本佳司先生が「ファストフードのアルバイトは、やることが決まっていて、誰でもできるから、数時間で戦力になれる。でも旅館の女将さんは違う。お客さんの趣味、趣向まで覚えている。自分は旅館の女将さんのような選手を育てたい」と言っておられたのに共感したことを覚えています。

選手それぞれに個性や特徴という武器があることによって、勝つ確率が高まり、魅せるサッカーが出来ると思っています。

「ドラゴンクエスト」というゲームがありますが、勇者がいれば、戦士、魔法使い、僧侶と、それぞれ役割が異なるチームを作ることで、バランスよく戦っていくことができるのと同じです。それぞれが個性や特徴という武器を持ち、本番でそれを発揮できる、再現できる実力を身につけることが大切なのだと思います。

gloriagirls

第4章

プロサッカーコーチ・三木ができるまで

弱者の闘い方

「個」を磨くことで、「強い組織」が作られる

生き方を決めた、大親友の死

なぜ私が今のような生き方になったのか。それは高校時代に遡ります。

私には小学生の頃から仲が良い、大親友がいました。その彼がある日、交通事故で亡くなってしまったんです。

彼はバイクに乗っていて、誤って一方通行を逆走してきた車に轢かれてしまいました。つまり、彼は何も悪いことをしていないのに、不運なことに亡くなってしまったわけです。

自分と同じような存在が、何も悪いことをしていないのに亡くなったという事実に、とてつもないショックを受けました。

そして、今まで考えてもいなかった「死」を身近に感じるようになりました。

それは、大人になった現在も続いています。


「明日が必ず来るとは限らない」

そんな経験をしているので、私は思い立ったらすぐに行動に移します。

会いたい人には、すぐに会いに行きます。なぜなら、会えなくなるかもしれないから。

感情や欲求には素直に従うようにしています。ゆえに上手く伝わらず、時に失敗することもありますが、今を逃したら言えないかもしれない。常にそう思っているので、物事を先送りしません。

「良いものは良い。ダメなものはダメ」。自分の基準で、物事の良し悪しを判断することも少なくはありません。

大親友の死は、指導に対するトリガーが外れた、ターニングポイントだったのかもしれません。

2023年、グローリアガールズは、2年ぶり3度目の全国大会出場を決めました。

しかし、ある選手が靭帯損傷の怪我をしてしまい、全国大会に間に合わない可能性が出てきました。

選手たちには「失ってから気づいても、戻らないものがある」「1回中1回」という言葉を投げ続けています。

その言葉の真意を理解できず、もしかしたら「叱られた」とネガティブに取ってしまうことも多いのだろうと思いますが、不運にも怪我をしてしまった彼女は、私が言っていた言葉の意味を、もっとも理解できるのではないかと思います。この経験を今後の成長に繋げることが出来る様、全力でサポートしたいです。

影響を受けた人物

私は小学生時代、奈良県の奈良ＹＭＣＡサッカークラブでサッカーをしていました。後に就職し、奈良ＹＭＣＡサッカークラブで、指導者としてのキャリアをスタートしました。

学生時代の先輩で、就職後は上司となる上地信親さんは、学生時代も含めて、約12年間に渡り、サッカーのことも、サッカー以外のことも、親身になってゼロから叩き込んで下さった恩師の1人です。この方がおられたから、指導者としての今の自分があると思っています。それぐらいの存在です。本当に感謝しています。

もう一人、影響を受けたのが、高田FC（当時、現・ディアブロッサ高田）の監督をされていた、川上弘仁さん（現・クレアールジュニアユース監督）です。私が奈良YMCAジュニアで監督をしていた際、奈良県大会の決勝戦で6回連続で対戦しました。何度も高い壁に弾き返され、悔しさと共に「どうやったら勝てるのだろう?」と、苦しみ葛藤する日々でした。

そのお陰で、指導者として大きく成長することが出来ました。たくさんの指導者の方々を観てきましたが、私の中では偉大な指導者のお一人です。

私が「ドリブル」という技術の探求を始めた初期から、多大な影響を受けているのが、JSC千葉の川島和彦さんです。

JSC千葉の選手たちを見て「これは凄い!」と思ったのが、いま私が取り組んでいるドリブル指導にも繋がっています。

また、新しくチームを立ち上げた際にも、たくさんの強豪が集うフェスティバルや大会に招待して頂き、選手たちに素晴らしい経験を与えて下さいました。

なかでも富山県には年に何度も通わせて頂き、渡会真典さん（JSC富山）を始めとする富山県の方々には、大変お世話になりました。そんな中から永長鷹虎、藤本奎詩（来シーズンよりテゲバジャーロ宮崎加入内定）というJリーガーも生まれました。

もちろん、他にもたくさんの先輩指導者の方々に、私も選手も育てて頂きました。

そして、川島さんや渡会さんが提唱されていた「みんなで良くなる」という言葉は、今でも大切にしている考え方の1つです。

私の指導や選手たちに興味を持って、トレーニング視察に来られた方々や、試合会場などでお会いする指導者の方々には、可能な限りのことを包み隠さず、オープンマインドで伝えるようにしています。

選手たちには「強く・逞しく・優しく」育って欲しいと思っています。

そして3年間をかけて「本当の優しさとは？」ということを教えている気がします。

それが、たくさんの先輩指導者から学んだことであり、人間として一番大切なことだと思っているからです。

奈良YMCAで指導をスタート

私がサッカー指導者になったのは、小学生時代に所属していた奈良YMCAサッカークラブでボランティアコーチをしていた大学生の方に、大変良くして頂き、憧れたことがきっかけです。

小学生時代の卒業アルバム。今でも覚えています。将来の夢のところに「サッカーコーチになりたい」と書きました。中学生、高校生時代は部活をしながら、卒業後もOBとして頻繁に顔を出し、コーチのサポートのようなことをしていました。

基本的に子どもが好きだったことと、サッカー以外にも色々な活動が出来ることに興味を持ち、いつしか「奈良YMCAで働きたい」と思うようになりました。

そして高校卒業後、大阪YMCA社会体育専門学校に進みました。指導者としての知識を学びながら、専門学校時代の2年間は奈良ＹＭＣＡでサッカーを中心に、様々な活動にボランティアコーチとして参加。専門学校卒業後の20歳のときに、奈良ＹＭＣＡに就職しました。

私が就職した頃から、奈良ＹＭＣＡサッカークラブの強化が始まり、たくさんの公式戦やジュニアユース立ち上げなど、クラブを発展させていくことに関わらせて頂きました。

最後の3年間はジュニア（U－12）の監督を担当させて頂き、選手との出逢いにも恵まれ、奈良県大会優勝や関西大会優勝を経験することができました。指導者としての礎となった期間でした。

またサッカーだけでなく、3歳児の総合教室や中高生の知的障がい児の体操教室を担当。夏はキャンプ、冬はスキー合宿と、10年間で3歳から高校生まで、幅広い年齢層の子どもと関わり、様々な経験を積ませて頂きました。

サッカー指導者はサッカー指導経験のみの場合が多いと思いますが、これだけたくさん、サッカー以外の種目や立場を経験させて頂いたことが、サッカー指導者として長年活動する中で、生きた場面が数多くあったと感じています。

プロサッカーコーチを名乗る

それから、御縁を頂いた2つのNPO法人の団体でスタッフ・職員としてサッカー指導に関わらせて頂いた後に、様々なタイミングが重なり、40歳のときに「プロサッカーコーチ」になりました。2023年度で、独立8年目となります。

独立してサッカーのプロコーチになったので、組織としてのバックアップはありません。今までの経験やサッカー業界の流れなども考えながら「プロサッカーコーチとして、どう生きていくのか」。今までと違ってプロになる以上、様々な意味での「結果」を出さなければいけないと思いました。

そして、指導者としてだけでなく、初めて自分が責任者として経営するチームを持つことになる為、他チームと明確に差別化し、特化することで「独自化」するレベルまで引き上げることが重要だと考えていました。

たとえば月謝を安くして、他と差別化を図ったとしても、周りのクラブに同じように下げられると、こちらはもっと安くしなければ、差別化にはなりません。ユニフォームをかっこよくして、差別化を図ろうとしても同じです。

経営者が差別化していると思っていても、実はそうでもないことは多いです。多種多様なクラブ形態が生まれ続けているサッカー業界に置いて、差別化程度では同じように見えてしまい、誰でも簡単に真似をすることも出来てしまいます。

しかし、ある部分で突き抜けて「独自化」まで行けば、唯一無二の存在になることができます。それがプロコーチとして生き抜いていく為に、必要不可欠だと思いました。

「サッカーは習い事ではない」と言う指導者の方もおられます。また、サッカーをきっかけに、素晴らしい時間を過ごすことや最高の仲間を作るといった、競技だけではない価値観を代名詞にされているクラブもあります。

様々なニーズがあるので、様々な形態があっていいし、そうあるべきだと思います。クラブは、選手や保護者の皆さんが選ぶものなのですから。

ここからはあくまで私見です。塾に行かせるのは子どもの成績を上げるためで、成績が伸びなければ、その塾を続けさせようとは思わないでしょう。

サッカークラブは月謝を頂いて、サッカーを教える場所なので、各選手が求める基準やニーズに合わせて「サッカーを上達させること」を前面に押し出しました。

サラリーマンコーチではなく「プロサッカーコーチ」という部分にこだわりたいと思ったのです。様々な意味になりますが「サッカーの育成と結果」を看板にして歩もうと決断しました。

人は想定以上のものを提供されたときに感動します。

誕生日にプレゼントをもらえることは誰もが想定しますが、自分が本当に欲しかったものをもらった時に「何でこれが欲しいとわかったの？」と、リサーチしてくれたことや知っていてくれたことに驚き、感動するのではないでしょうか。

それと同じで、私は予定調和ではなく「想定以上のものを創出したい」という想いを持って、指導にあたっています。

グローリアガールズに興味を持ち、トレーニングを視察に来て下さる方がたくさんいますが、その方々が想像していた以上のことを見せる（魅せる）ことができたら嬉しいと思うわけです。

2024度の入団を決めてくれた選手や保護者が「トレーニングの内容と選手たちのプレーを観て、ここに決めました！」と言ってくれることが多いのは、嬉しい評価です。

他府県から1時間以上かけて通ってくれている選手もたくさんいます。選ばれた嬉しさと選ばれた責任を感じて、全身全霊でやらなければいけないと強く想います。

一番は「育成」での結果

グローリアガールズはセレクション無し、平日の練習は2日間、フットサルコートでの活動です。そのような環境下で、高校サッカー関係者に求められる選手を育成することがやりがいであり、そんな選手たちが高校年代で大活躍していることに感動があります。

それが私やクラブの評価に繋がり、価値になっていくのだと思います。

また練習量や練習時間が短いので、サッカーと勉強の両立が出来ます。サッカーでの進学を目指さない選手であっても、中学3年間、本気でサッカーに取り組む環境を提供出来ていることも、大変喜ばれています。

2015年頃、グローリアガールズと同じ、Jグリーン堺で活動していた興國高校の内野智章先生が、私のチームの選手がコーンドリブルをしているのを観て「めちゃ良いですね。ウチにも指導に来てくれませんか？」と声をかけて下さいました。

端的に言えば、選手たちが上手かったから、内野先生のアンテナに引っかかったわけです。様々な観点がある中で、当たり前の様に思いますが、選手を観て「サッカー選手として」評価を頂くことを最大の価値にする軸は、絶対にブレてはいけないと心に誓っています。

2023年、グローリアガールズは創部6年目で関西大会初優勝と2年ぶり3回目の全国大会出場を成し遂げました。

1・2年生主体のチームで難しい部分がありましたが、3年生の中心選手がチームを牽引し、本当に良く頑張ったと思います。

私はプロコーチなので、結果が問われます。しかし、勝つことだけが結果ではありません。「育成とは繋ぐこと」と定義し、ミッションにしている以上、一番は育成での結果です。

グローリアガールズは、サッカー進学希望者は6年連続で全員がスポーツ推薦、特待生、奨学生で進路先が内定し、2023年度のインターハイ予選、選手権予選でもたくさんのOGが大活躍しています。

「選手が看板」を体現し、良い選手を育成すれば強いチームにもなれるという意味で「育成は強化なり」と「育成して次の世代に繋げる」という2つのミッションを、プロコーチとして成し遂げていく為に、これからも全身全霊で取り組んでいきたいです。

サッカー指導者として、人生を送れるか

少子化が進む日本。多くのサッカークラブが乱立する中で、サッカー指導者として生きていくことは簡単ではありません。

サッカー指導者という職業は、勤務時間は長く、休みもほとんどないわりには、一般的な会社員に比べると収入も少ない場合が多く、社会的な地位も決して高くはありません。

若い頃や独身であれば「サッカーが好きだから」「子どもが好きだから」という心の報酬で補いながらやっていけるかもしれませんが、家庭を持ったり、社員を抱えるなど、自分以外の守るべきものが出来た時は大変です。

結婚を機にサッカー指導者を辞める方や、年齢が高くなるにつれて収入の問題があり、クラブを移籍したり、独立することも珍しくありません。

私は40歳になる時に、プロサッカーコーチという道を選択しました。年齢とこれからやっていけることを整理整頓しながら「サッカー関連の仕事だけで収入を得る」と決めて、現在に至ります。

サッカー以外の仕事をして、サッカー以外での収入が増えてしまうと、そこに安定を求めてしまい「プロサッカーコーチとして生きていく」という決断が曇ると考えたからです。

それで生活ができない、家族を養っていけないのであれば、サッカー指導者の道を諦める覚悟をしていました。

プロサッカーコーチとして、サッカーの収入だけで生きていくために、不安や恐怖と闘いながらも、道を切り開き、乗り越え、たくさんの方々に支えられ、助けて頂いたから、今があります。

あるサッカークラブに招かれて、コンサルティングの様な仕事を請け負ったことがあります。そこでスタッフの方々に、こんな質問をしました。

「現在、あなたが担当している業務を書き出してください」

その後に「その中で、あなたでなくても出来る仕事があれば、担当の仕事を消していってください」。そう言うと、担当している仕事や役割の大半が消えてしまうことも少なくありません。

自分が監督として公式戦のメンバーやスタメンを決める時、誰でも良いとランダムに選ぶ訳はなく、それぞれの選手に選ぶ理由があります。

指導者も同じことです。誰でも出来ることではなく「あなただから出来る」「あなただから必要」と言われる指導者にならなければいけないのです。

そのクラブにいることに対して、自分の存在意義や価値を見出さなければ、夢や目標、やりがいを持つことは出来ないと思います。

選手も同じで、サッカーの進路面接をする時に「その高校に行きたいではなく、来て欲しいと言われる人間、サッカー選手にならないとあかんよ!」と伝えています。

最終的に同じゴールだとしても、その2つの道は、先々に向けて大きな岐路となる可能性が高いです。然るべき日は必ず来ます。だから、いつ来るかわかないその日に向けて、答え無き答えを求めて、努力するしかないのです。

評価はあくまで他人がすることです。ならば自分が思っている以上に、やり過ぎるくらいでないと、最終的には到達しないでしょう。結局は自分次第。自分に相応しい結果しか訪れません。

誰でもいい存在ではなく、必要な存在でありたい。その為には、他の人にはない特徴や個性を伴う「自分自身」という存在に価値をつけていく必要があります。

それは決して元Jリーガーや指導者ライセンスといった経歴や肩書ではありません。すべてを含めた「自分という人間」が、誰かの為に必要な存在であり、役に立てる存在であるかどうかが大切なのだと思います。

2023年時点のグローリアガールズは、2人の指導者の方に、お力を借りて運営しています。お二人共、グローリアガールズとは別のチームの監督という立場でもありますが、私や選手たちにとって、必要不可欠な存在となっています。

中学生女子という思春期の選手に対し、寄り過ぎず、離れ過ぎず、適切な距離を保つことを理解して下さっていること。自分の立場や権限の中で、求められていることや範疇を理解し、指導をして頂けることに感謝しかありません。

指導者それぞれが、チームや指導者間でリスペクトできる関係性であることは、選手に大きく影響する部分です。

誰もがクラブは「自分のもの」ではなく「私たちのもの」という認識を忘れず、クラブ愛があることが、健全に楽しみながらクラブを運営するための条件だと思います。

サッカー指導者は素晴らしい仕事です。しかし、一生の仕事にすることは本当に難しく、並大抵の覚悟ではできません。これからサッカー指導者を目指そうと考えている方や若手指導者の方に、ここに書いたことが少しでもプラスになれば嬉しく想います。

強くぶつけた方が、強く跳ね返ってくる

育成年代の指導者は「結果」で解雇になるケースはほとんどありません。公式戦での結果や進路面での成果が芳しくなかったとしても、極端な話、仕事を継続することができる可能性は高いです。

私はプロコーチとして「進路」にも「試合結果」にもこだわります。それがクラブとしての姿勢であり、クラブの需要や価値に繋がると思っているか

らです。

勝利にこだわるといっても、手段を選ばず、何をしてでも勝とうとする「勝利至上主義」ではありません。私が実践しているのは「勝利主義」です。

2023年度に初参入した関西リーグでは、自分たちより何枚も格上の相手に対して、勝つ為に大声を出し、必死になって全力を尽くしました。

しかし実情は、対戦チームとの兼ね合いでできなかった2試合以外の12試合は、その日の参加者全員を20～30分出場させています。

関西リーグの最終結果は4位でしたが、1、2位は全国大会へストレートで出場する権利があります。それをわかった上で、そのような選手起用をしました。

11月末には、U－15対象の大阪府ジュニアユース大会がありました。

3年生にとって、最後の大阪府大会ですが、スタメン出場していた3年生に了承を得て、関西大会で出場無し、あるいは出場時間が短かった選手のみでメンバーを構成し、その選手たちに、公式戦にフル出場できる場を提供します。

可能な限り、多くの選手たちに公式戦出場の機会を創り出す努力は、この6年間、どのクラブよりも勇気を持って実践してきた自負があります。

そうした経験値があるからこそ、高校年代になって、あれだけ多くの選手が活躍していることに繋がっているのだと思います。

壁にボールをぶつける時、強くぶつけた方が強く跳ね返ってきます。

大人だからとカッコつけず、想いを強く持ち、ぶつかった方が、多くのことが返ってくると思っています。

想いが深すぎてうまく伝わらず、傷つけてしまうことやただただ怒られたというネガティブな感情だけが残り、被害者意識を持たれることもあります。

ですが、それは指導者や大人も同じこと。傷つくこともあれば、葛藤や悔しさで眠れない夜もあります。私はそのような自分の感情、弱音も選手に話します。

周りが驚くほど、感情をあらわにして怒ることもあります。理解させる為に、涙を流して語ることもあります。

全員の前で「凄く大切に思っている！」「大好きなんやぞ！」と、他の指導

選手たちを納得させられるまで
何度でもトコトン伝え続けています

者なら恥ずかしいと思うかもしれないことも平気で言えます。

選手たちには、素直に喜怒哀楽が表現できる人間になって欲しいです。だからこそ、自分自身も素直でありのままでいたいのです。

一端しか知らない方々には、誤解されることもありますが、気にしてはいません。私が観ているのは自分の選手たちだけなので。選手たちに伝わる様に、納得させられるように、何度でもトコトン伝え続けます。

「良いものは良い。ダメなものはダメ」。これが絶対に譲れない、私の信念です。

強豪校で外部コーチを務める

私は中学生年代でやっておかなければいけないこと、高校年代で必要なことを知らなければ、より良い育成はできないと考え、長年に渡り、高校年代のチームで外部コーチを務めています。

男子で言えば興國、女子は聖和学園、大商学園、帝京長岡（新潟）など、全国トップレベルの選手たちを指導することにより、様々な基準を感じることが出来ています。

高校の監督さんや先生方と、サッカーのことだけでなく、サッカー以外のことでもコミュニケーションを取る中で、高校の指導者から観た基準を知り、その経験や学びをグローリアガールズでの指導に落とし込んでいます。

外部コーチとしての主な関わり方は、月1回高校に出向き、リフティングやコーンドリブルを用いた、コーディネーショントレーニングの指導です。

そんな中、長年お世話になっていた聖和学園女子サッカー部から依頼を受け「テクニカルアドバイザー」という役職を頂きました。

それにより、月1の訪問指導だけではなく、遠征や公式戦にも可能な限り帯同し、チームが掲げる「日本一」という目的、目標達成のために尽力することになりました。

聖和学園女子サッカー部は、横断幕に「美しくしなやかに」と書かれている様に、テクニカルで魅力的なサッカーを目指しているチームです。

近年の冬の選手権大会では、最終結果で優勝や準優勝する高校と互角の試合内容ながら、得点を奪うことが出来ずに敗戦していました。

私はチームに関わらせてもらうにあたり、ミーティングを実施しました。私のことを知ってもらい、これからどのようなことをやっていくべきなのか。心と頭を整理整頓するのが狙いでした。

その中で話をしたのが「スタイル」についてです。

スタイルとは「勝利する」という目的に対して、自分たちで考える最良の方法でなくてはならないと思っています。

ショートパスを繋いで、狭い局面を打開していくのもスタイルですし、時にはゴールを目指してロングフィードを狙う、ダイレクトプレーをするのもスタイルです。

目的は日本一になること。聖和学園女子サッカー部のアイデンティティを継承しながら、必要なのは「勝利に繋がるスタイルの構築」でした。

2023年2月、そんなチャレンジがスタートしました。

同じものを観ていても、観る方向や角度が変われば、観え方も変わってきます。

長らく、聖和学園女子サッカー部を指導されている先生方や選手たちが、普通や当たり前と思っていることが、外部から来た私にとっては普通や当たり前で無かったりします。

自分が観て、感じた素直な感想を、チームを良くするために、敢えて監督に伝え続けることからスタートしました。

自宅がある兵庫県から聖和学園のある宮城県には、頻繁に行ける訳ではありません。送られてきた試合映像を分析しながら、監督と何度も意見交換を行いました。

監督にも大阪に来て頂き、グローリアガールズのトレーニングや試合を観てもらい、こちらが行った時は、聖和学園の選手を指導しながら、イメージの擦り合わせを行うことを継続しました。

チームには毎年カラーがありますが、2023年度の聖和学園の選手たちは、人間的にもプレースタイル的にも個性的な選手が多いのが特徴です。

素直に、貪欲に頑張れる選手たちで、好感が持てましたし、まだまだ成長できると、自分の中で手応えを感じていました。

聖和学園がインターハイで準優勝

そして迎えたインターハイ予選。宮城県大会決勝で、常盤木学園に3対1で勝ち、優勝。勢いそのままに、東北大会決勝戦では専修大学北上高校に5対0で勝ち、東北大会優勝&インターハイ出場を決めました。

宮城県予選で9得点、東北大会も9得点と、2月から取り組んできた得点力アップの為の取り組みが、少しずつ具現化されてきたことを実感しました。

そして北海道インターハイでは、聖和学園初となるインターハイファイナリストとなり、準優勝を成し遂げました。

素晴らしい快挙でしたが、誰一人満足している人はいませんでした。掲げているのは「日本一」だからです。インターハイ準優勝も、あくまで通過点でしかありません。

インターハイ後、さらなるブラッシュアップを目指し、様々な取り組みをする過程で、思うように試合に勝てなかったり、大量失点での敗戦などもあり、監督も選手も苦しんだ夏だったと思います。

疑問や不安、不満といったフラストレーションがあったことは容易に想像できます。でもそれは「選手権で日本一になる」という目的達成の為に必要な過程であり、監督と私の中に焦りはありませんでした。

それどころか、怪我人などのアクシデント以外は、おおむね順調に進んでいると感じていました。

そして迎えた、高校生活最後の闘いである、高校女子サッカー選手権大会。宮城県予選、東北大会ともに準優勝で、本大会出場を決めました。

チームは生き物です。調子やテンションが長続きするわけはなく、賞味期限がある様なもの。高校女子サッカー選手権大会の1回戦は、12月30日に行われます。その日から逆算して、今何をすべきかを吟味しながら、焦らず、だけど時間は大切にしながら、然るべき日に向けて、確かな歩みを進めて欲しいです。

聖和学園女子サッカー部は「魅せて勝つ」で日本一を目指します。応援、宜しくお願い致します！

2023年度インターハイ、
聖和学園女子サッカー部は見事準優勝に輝いた

チームによって求められることは違う

外部コーチとして行くそれぞれの高校で、求められるものは異なります。

今の時代、何から何まで、監督ひとりで面倒を見るのは不可能ではありませんが、困難です。その道のスペシャリストがいて頼れる場合は、任せた方が選手ファーストになると思います。

2023年度のインターハイ。聖和学園には、私以外にトレーナー、コンディショニングコーチ、メンタルコーチが帯同していました。監督や選手の努力と頑張り、保護者の方々の支援、サポートは前提として、各分野のスペシャリストがおられたことも、準優勝という結果に繋がったと思います。

私は様々な高校女子サッカー部に、外部コーチとして関わらせてもらっていますが、そのチームの監督さんとはとことん話をします。

自分の考えも言いますし、相手の考えも聞きます。たくさんのコミュニケーションを取り、選手やチームの情報、状態を知ること。人間関係や信頼関係を構築し、本音で話し合える関係性を作ることは、必ず選手の為になるからです。

インターネットを介して、手軽に情報や連絡がとれる時代になりました。そんな時代だからこそ、自ら足を運び、会って話をする重要性や必要性は高まっていると思います。

私は長年、小学生男子しか指導した経験がなかったので、中学女子の指導を始めるにあたり「女子を教えたことがないので、勉強させてください」と、京都精華学園、聖和学園、作陽高校、日ノ本学園、大商学園といった全国各地の高校にアポを取り、トレーニングの見学に出向いたり、自分の指導経験を増やすために、私が指導させて頂くといったことを、何度も行いました。

ミュージシャンのライブを直接観る、聴くことと、テレビで見るのとでは全然違うのと同じように、自分で足を運び、自分の眼で観て聴くからこそ感じられるものや、本質が観えるのだと思います。

直接話をすることで、監督さんの印象が大きく変わることもあります。そこでの新たな出会いや発見が、自分や選手にとっても意味があることなのだと思います。

それと同じように、インターネットでニュースを見ていても、なにか新しい発見はないかと探しながら見ています。指導の役に立つものがあればスクリーンショットをしたり、記事のリンクを選手に送ったりと、常にアンテナを張っています。

各学校の監督さんやチームから求められることは違うので、まずは監督さんと話をしながら、必要とされていることを考えます。

状況や空気を読みながら「今はあまり選手と会話をしない方がいいな」「今は徹底的に技術をやり込む時期やな」「選手との関係性を作ってほしいと思っているな」など、監督さんのニーズに応じて、スタンスを変えていきます。

その違いを見抜けるのがプロなのだと思いますし、相手が求めているものが最低限で、それ以上のことを提供できるようにと積み重ねてきた想いが、自分のブランドになっています。

gloriagirls

第5章

育成に正しい、間違いはない

弱者の闘い方

「個」を磨くことで、「強い組織」が作られる

誰もが正解を求めている

育成や指導法、指導者に対して「あれは正しい」「間違っている」などの議論が聞こえてきます。とくにSNSでは、正論を唱えた上で、他人のやり方を否定しようとする人が後を絶ちません。

素朴な疑問ですが、そのような行動をする人たちは、なぜ自分がしていることが正解だと思っているのかがよくわかりません。

私としては、育成や指導法、指導者に対して、正しい・間違っているという概念を持つこと自体が意味がないのではと思っています。

理論的に正しいことを教えて、キックが上手くなった。それもいいですし、ゴールにビブスをぶら下げて、当てた人が勝ちのようなことをしていたら、すごいフリーキッカーが生まれた。それもいいでしょう。

たとえば、キックの時に「ボールの横に軸足を踏み込む指導は間違っている。軸足の横に踏み込むと、体が窮屈になるから、ボールの手前に踏み込んだ方がいい」という見解があります。

ですが、トップレベルの選手のプレーを観ると、ボールの真横に踏み込んで蹴っている選手もいます。このことから言えるのは、正解は人によって違うし、状況によって変わるということです。それにも関わらず、一つのプレーを抜き出して、正しい、間違っていると断罪することに、何の意味があるのでしょうか？

雑誌やテレビなどでよくやっているランキング企画で、1位のラーメン屋が一番美味しいラーメン屋とは限りません。1位が醤油ラーメンだったとしたら、味噌ラーメンが好きな人にとってはそのお店はおそらく1位ではないはずです。ランキングの1位は、統計的にみんなが美味しいと言っているラーメン屋に過ぎません。

バルサでもレアルでも、バイエルンでもヴィッセルでも、それぞれ違う哲学のもとにサッカーをしているわけで、その中で正解はこれだと考えること自体、ナンセンスだと私は思います。

他の指導者と話をすると、みんな正解を求めているなと感じます。「有名な◯◯さんがこう言っていたから、それが正しい」と考える人も多いです。

でも、人と違う考えを持っている人の方が、私は面白いと思います。興國の内野先生のことを面白いと思ったのは「選手権出場より、プロ選手の輩出を目指す」と言って、有言実行されていたからです。そんな人はいませんでしたから。

「みんな違っていい」「どれも正解で、どれも間違い」というのが答えだと、私は思っています。

魅せて勝つことを目指す

私が追求しているのは、魅力を大事にすることです。

ガンバ大阪ユースに宇佐美貴史選手がいた頃。練習試合でも、観客がたくさん観に来ていました。男子の高校サッカー選手権大会でも、野洲と聖和が試合をするとなったら、1回戦なのに三ツ沢球技場が人で溢れました。それは単純に、選手やサッカーにこだわりや個性があり、観ていて面白いから。

つまり、魅力がたくさんあるからです。

国立競技場で行われたパリ・サンジェルマンの公開練習に、有料にも関わらず多くのお客さんが詰めかけたのも、彼らに魅力があるからです。サッカーはエンターテイメントなので、面白い選手がいなければ成立しません。

プロの場合は、より面白いサッカー、魅力的な選手がいることが重要で、彼らを観にお客さんが来ます。お客さんがたくさん入ればお金が潤って、良いスタジアムができて、もっと良い選手を呼べる。経済が回ります。

ただし、理想を追い求めすぎないようにと、常に自分を戒めています。「うちの選手、ドリブルでこれだけ抜けるんですよ」にはなりたくありません。

ハードワークや自分の求められている役割をきちんとまっとうした上で、発揮できる特徴や長所が個性、武器であり、ただただドリブルをしているだけや、気まぐれにプレーするのはワガママです。

ただ上手いではなく「やるべきことをやって、好きなことをやる」を体現し、そのプレーでチームに貢献できる選手。色々な意味を含めた「巧い」選手を育成したいと思っています。

とんでもなく難しいことですが、私は「魅せて勝つ」を目指します。

個人として、チームとして個性があり、このサッカースタイルが大好きな選手たちがお互いの特徴を理解し、尊重しながら、イメージをシンクロさせて闘うサッカーです。

ドリブルだけが個性ではありません。凄いロングキックを蹴ることも、ヘディングが強いことも、タイミングよく回転をかけてスルーパスを出せることも、危機察知能力が高く、ボールを奪う力があることも、それが個性であり魅力です。

男子チームと試合をした際、グローリアガールズの選手のプレーに「巧っ！」「凄っ！」と、何度も歓声が上がったのは印象的でしたし、嬉しかったです。

２００５年度高校サッカー選手権大会決勝戦・野洲対鹿児島実業の試合の決勝点は、今でも多くの人の記憶に残っていると思います。

そのように、観ている人の記憶に残ることができれば最高ですが、まずは自分自身、そしてチームメイトと10年後も語れるような、記憶に残るプレーが出来れば素晴らしいし、最高だと思います。

そんな最高の一瞬が訪れる為にも、普段からただプレーする、ただ頑張るのではなく、プレーで自分を表現すること、プレーで自己紹介する意識を持つこと。

そして魅せる心を常に持ち、サッカーをしてもらいたいと強く想います。

育成に合理性を求めない

若い指導者の方々にアドバイスをするならば「育成に合理性を求めないこと」を伝えたいです。

頂上を目指す上で、色々な山の登り方があります。時には遠回りすることがあってもいい。最短で頂上に到達することが、良いこととは限らないのですから。

たとえば、毎日練習をしているチームが、平日の練習を2日にするとしたらどうでしょう。そうすると、限られた時間で何をするかを必死に考えてやるようになると思います。無駄な時間なんてないので、めちゃくちゃ集中してやるでしょう。

練習量が多いと、集中力や質が落ちることもあります。練習量を減らすのは、美味しいトマトを作るために、極力水分を与えない育て方に似ています。水を与えすぎると、味が薄くなってしまうそうです。

育成もそれと似ています。資源が少なければ少ないほど、限られた資源を有効活用して、良くしようとするのが人間です。

腕のある料理人は、冷蔵庫の中にある残りものだけで、美味しい料理を作ることが出来ます。もちろん良い食材があったほうが、美味しい料理にはなるとは思いますが、良い食材で美味しいものを作ることは、それほど難しくはありません。

私や私の指導しているチームは、環境面や大きな枠組みの中で考えると「弱者」だと自覚しています。でも決して卑下しているわけではありません。

それを自覚して認めたうえで「どうすれば勝てるのか?」を創意工夫し、与えられた環境の中で最大値を目指しています。言い訳はしません。「弱者の闘い方」で、今も未来も勝ちを目指しています。

指導者が選手の未来や勝利を諦めないこと。指導者であるあなたが、選手の限界を決めないこと。これは声を大にして言いたいです。

「想わなければノーチャンス。目指さなければノーチャンス!」です。

自分でこんなものだろうと決めつけて、そのキャパシティの中だけでやっていたとしても、本当の意味の喜びは得られないのです。諦めているのに叶うことなんて、絶対にありませんから。

私は好きな歌の歌詞を引用して「やるだけやったら笑えるさ」という言葉が大好きで、大切にしています。

「やるだけやったら笑えるさ」の「やるだけ」の量は決まっていません。何百回、何千回、何万回、何百時間……はたして、どのぐらいやればいいのか?

答えはないけど、やるだけやる。やりすぎるくらいにやる!

そして「これだけやったんやから大丈夫!」と自分で思えたならば、自らつかみとったものが自信になり、最高の成果、最幸の喜びを得られると思っています。

もちろん、結果を得たからといって、最高の幸せとは限りません。でも最初から結果を諦めていると、最高の喜びには到達できない。それは間違いありません。じゃあどうすればいいのか。そこに答えはないんです。だけど、答えなき答えを求め続けることが大切で、それを続けるのが人生なのです。

答えがある人生はありません。絶対に勝てる法則もありません。それでも、喜びを求めて進化を止めない。それが大切なことなのではないでしょうか。

大事なのは「心頭体技」

育成とは「育てて成らせること」です。では、成らせるとは、どういうことでしょうか？

プロ選手がたくさん出ているチームはすごいですが、100人中2人をプロにするチームと、20人中2人をプロにするチームでは、分母が少ないので後者の方がすごいですよね。

「一票の格差」のような話で、日本はヨーロッパと違い、下のカテゴリーでプレーしていてもプロになれる国なので、ロマンがあります。街クラブは決して環境が恵まれていないからこそ、創意工夫する必要性があります。

恵まれていないとマイナスに感じていることが、実は指導者も選手も成長する、伸びる可能性に繋がっていることもあります。自分の指導者人生は、それを体現してきたのかもしれません。

なぜそれができたか。何事も自ら諦めたり、環境を言い訳にしなかったからだと思います。

全力で結果を求めて取り組み、振り返ってみたらそうなっていただけの話です。本気でやり方にこだわるからこそ、プロセスという価値が残るのです。

大切なのは「勝ち」より「価値」です。価値も、本気で勝ちを目指さなければついてきません。

「プロセスが大切だ」という言葉を全面に出して、最初から本気で結果を目指していないといったことはありませんか？

最初から「自分たちは無理だ」と思いながらやるのか。それとも「やれる」

と信じて取り組むのか。それが「楽しさの先に喜びを求める」という言葉に繋がります。

多くの人は楽しさを求めています。でも私は、私たちは喜びを目指しています。

楽しさと喜びは違います。この違いを、選手たちには3年間で何回も話をします。それが、高校年代以降でも大切な、勇気の源になるからです。

グローリアガールズが3年間かけて育むのは「心頭体技」です。

これは私の造語なのですが、素直さや向上心などの心があって、次に頭が来ます。これは理解力や受け入れる力のことです。その次が体です。体を自由自在に操ることができること、ケアに目を向けること。そして最後に技です。技術やテクニックは一番大切にしているものではありますが、それも心頭体という要素があっての話です。つまり「どんな人間がサッカーをしているのか」が大切なのです。

心頭体技の順番で指導しながら、できること（can）、やるべきこと（must）、やりたいこと（will）の基準を上げながら、やりたいこと（will）が出せる率を高めることを目指しています。

サッカーとしては、魅力的なもの、観ている人に面白いと思ってもらえるものを、勝利と結びつけながら追求しています。

立場の違いを理解する

私はある選手たちとの出逢いがきっかけで、女子サッカーを指導することになりました。

「女子サッカークラブで、個人に特化した育成をするクラブは少ないのでやってみよう」という想いで、チャレンジをスタートさせました。

男子を指導している方も「中学年代でこういうサッカーをするクラブはないからやってみよう」といった、独自の考えや発想を持っていれば、練習メニューややり方を探すのではなく、それよりも大事な、元となる「考え方」に目が向くのではないでしょうか。

私は関西で活動していますが、関西人の気質もあるのか、自分のスタイルにこだわりを持つ指導者が多いように思います。

サッカーにも型があり、その型を学んでから、型破りを目指すという考え方もあります。しかし「こういうサッカーやプレーが正しい」と型で止まってしまうと、ドリブルにしても崩し方にしても、ルーティンやパターンをより正しく発揮しようとする方向にいってしまい、結果として、同じ答えを持った人の集まりになってしまいます。

さらに言うと、選手みんなが同じ様なプレーをするようになってしまう側面もあると思います。

1人の選手として、自分の特徴や個性といった武器がなければ、次のステージにいった時に、苦しむことになるのではないかと危惧しています。

ただし、矛盾しているようですが、育成は良い悪いで比べるものではありません。

型を学び、そこから型破りができる個性を発揮した結果、スーパーな選手が生まれる可能性もあります。どのやり方にも良いところはあるし、ウィークポイントもある。それだけのことなのです。

日本代表の選考や育成年代のトレセンについて「何で○○が選ばれてないの？」など、賛成反対を含めて、話題になることがよくあります。

現在の日本代表は森保一監督が選んだベストメンバーであり、今のトレセン合格者は、今のトレセンスタッフが選んだベストメンバーです。

他の人が選べば、その人が選んだメンバーに変わります。評価は人がするものです。そして、評価は人により変わるのです。だから、その論議を重ねても意味がありません。

「大久保嘉人と上田綺世のどっちがフォワードとしてすごい？」「小野伸二と本田圭佑のどっちがすごい？」といった論点で話し合っても意味がないのです。結局は選んだ人間の評価であって、そこに優劣はありません。

育成年代の指導者は、小学生・中学生・高校生、それぞれのカテゴリーで必要な指導が求められます。街クラブと、プロクラブの育成組織を指導するのとでは、求められることは違うでしょう。トレーニングが週2回できるクラブと、週5回できるクラブでは、指導内容も変わってくると思います。また、クレーのグラウンドなのか、人工芝かでもプレーのクオリティは変わるでしょょう。

この様に、指導対象となるカテゴリーや担当する選手のレベル、与えられた環境により、指導の仕方も内容も大きく変わって当然だと思います。

それをすべてが同じ状況、環境、境遇だという前提で賛成したり、批判している風潮は違うのではないかと、つくづく思います。

チームビルディングで有名な福富信也さんに、教えて頂いたことがあります。

まず、自分の前で人差し指を出して、時計回りに動かします。それを頭の上まで持っていき、下から見ると反時計回りになっています。つまり、同じものを見ていても、見る角度によって見え方が変わるのです。立場が違うと、見え方や捉え方が変わるとも言えます。

それは監督や選手でも違うし、監督と保護者でも違います。スタメンとベンチメンバーでも違うでしょう。

だから一方のやり方を、ひとつの立場から見て批判したり、賛辞を送るのは間違った行為なのかもしれません。大切なのは、立場の違いを理解すること。

それは忘れないようにしています。

優しい人間を育てたい

育成で心がけているのは「優しい人間」を育てることです。

優しいと我慢ができます。優しいと許せます。優しいと気付けます。

優しいと、たとえ叱られても、相手が何でそう言ったのか、その背景を読み取ろうとします。

個人スポーツ化思考や自分が主体という考え方は、裏を返せば、周りの人を軽視することに繋がります。自分のことしか考えていない人は、周りに優しくできません。

周りの人のことを考えている人は優しい人です。昨今、優しい人が減っているように感じます。自分のことばかり考えていて、優しくないから他人を許せないのです。

「与えるものにしか与えられない」という言葉があります。自分は誰かに対して何も与えていないのに、自分は周りから与えてもらえないと悩んだり、落ち込むのはおかしなことです。

選手たちには「相手が先で自分が後」と常々言っています。優しくされたいなら、自分から優しくしようということです。これも大事な考え方です。

昨今「誰かのため」と考える人が減っているように感じます。

サッカーの個人スポーツ化思考と同じで、損得勘定が先に来て、自分の立場でしか物事を考えることが出来ないのは残念です。試合ひとつとっても、出場している選手、ベンチの選手、メンバー外の選手がいます。

自分と違う選手の立場になって、考えることが出来ていますか？　それを踏まえて、声掛けや行動が出来ていますか？「ありがとう」と言えていますか？

そんなことが大切だと思うのです。一緒にサッカーをしていてチームメイトに親友がいない、チーム愛がないは、あまりに寂しい話です。

はたして自分の価値観が最優先でいいのでしょうか？　私はドリスクをしていますが、手を抜いて教えても、大声を出して熱心に指導しても、対価として得られるお金は変わりません。でも絶対に上手くしてあげたい、楽しくやらせてあげたいと思うのは当然のこと。

毎回、声を出し過ぎて、喉を傷めるくらい全身全霊でやります。そこに損得勘定はありません。

来てくれた人に「楽しかった」と思って帰ってもらいたいし、「次もまた行きたい」と思ってくれたら、指導者冥利に尽きます。

本気でやっていたら、言葉に魂が宿ると思うんです。でも情や仁義といったことがなくなってきている世の中なので、難しくなってきていますよね。

それよりも個人の立場や感情優先。損得勘定が先立ってしまうと、誰かの為やチームの為といったものがなくなってしまいます。そうなると、チームスポーツをしている意義が無くなります。これでは本末転倒です。

私は「どのような選手が成功すると思いますか？」と聞かれたら「素直さと優しさを持った選手」と答えます。

素直というのは、良いものは良い、悪いものは悪いと認められること。ダメなことはダメだと言い切れること。人や物のせいにしないこと。感情を素直に出すこと。人の顔色ばかり気にしているよりは、そういう人の方が好かれると思います。

「厳しい」や「優しい」の概念が重要です。

あなたの持っている優しさは、本当の優しさですか？

あなたの持っている厳しさは、本当の厳しさですか？

と自問自答することが大切だと思います。

失敗はいいけど、間違いはダメ

プレー中、声を出さない選手がいます。声といっても、大声を順番に出さないといけないといったルーティンのようなことではなく、チームスポーツであるサッカーに「必要な声」のことです。

サッカーはコミュニケーションスポーツです。自分だけでなく、仲間と共働することが必要です。意思疎通の為に声は必要ですし、自分の為というよりも叱咤激励や仲間を鼓舞すること。指示する、助けるといった「仲間の為」

にすることでもあります。

普段はたくさん話していたり、むしろうるさいくらいの選手が、サッカーになると声を出さなくなるケースも少なくありません。

これは個人スポーツ化思考に繋がる部分と、サッカーの理解度など、様々な要因があると思いますが、「チームスポーツ」という意味や意義を、小さい年代の時から伝え、理解させる重要性を感じています。

ボールを持っている味方に対して、相手が来ているのであれば「来てるよ」や「こっち」。味方が良いプレーをしたら「ナイス」と言ってあげてほしい。自分がしたいプレーがあるのなら、味方に「こうして欲しかった」と伝えて欲しい。まずは、なんでもいいので声を出すことを習慣化することが、チームスポーツの観点から必要です。それを自覚しているのに、やらないのはダメだよねという話をしています。

今はごまかすことができても、いずれ大きな壁が訪れます。声を出したからといって、試合に勝てるわけでも、全国に行けるわけでもありません。でも必要なことなんです。

そうした方が上手くいくし、自分のプレーも出来ます。仲間と共有出来ることが増えます。それらがサッカーでは必要不可欠だとわかっているのにやらない。だけどレギュラーになりたい。そこに矛盾があります。

私が試合中、選手に対して強く言うのは「赤信号を渡るな」と言っているのと同じです。ダメなことをダメだと言うのは、いつか、その人自身が痛い目を見るからです。決して、出来ないことを責めているわけではありません。

選手には「出来ないとやらないは違うよね」と言っています。失敗はいいけど、間違いはダメ。一方通行を通ったらダメだとわかっているのに行くのは間違いで、入ってはいけないことを知らずに入っていくのが失敗です。

サッカーのプレーでも、観て判断してプレーしたとして、技術的なミスが起こることはあります。そのプレーが何の判断も無くやったことなのか？意図的に考えてやったけど、技術や判断のミスなのか？

エラーが起こった時に、何でも「ミス＝失敗」とくるのではなく、ミスや間違いなのか、それとも失敗なのかを区別して捉えないといけないと考えています。

グローリアガールズでは、勢いやノリ、我武者羅や一か八か、偶然に頼るのではなく「すべて意図あるプレーをしよう」と伝えています。

その時の勝敗だけを見れば、ごまかせるかもしれませんが、その選手の成長を考えたときに、大きな壁や障害になることは間違いありません。

意図のあるプレーが出来る様になる為に、日常のトレーニングから基準を意識して、習慣になるレベルを目指して、積み重ねて欲しいと思います。

選手たちが私の自己紹介

たくさんの指導者やメディアの方が、グローリアガールズのトレーニングを見に来て下さいます。そのときに「思っていたよりも上手い」と思わせたい。

なぜなら、目を引くプレーが出来るということは、その選手にとって間違いなくプラスだからです。しかし、それは一日で出来るものではありません。日々の努力の積み重ねとトレーニングの空気感、雰囲気は、時間をかけて熟成されるものです。

その日だけ楽しそうに見せる、ピリッとして見せるのではなく、普段の「ありのまま」で見せたい。そこに大切にしている価値やアイデンティティが出るのだと思います。

トレーニングを見てもらうのは、一つのチャレンジです。初めてお会いする人に、自分はどういう人間だと思われるのもチャレンジです。第一印象で70%が決まるという話もあります。そのときわずか1回で評価されることに、チャレンジすることも大切だと考えています。それはプレーだけを指すのではなく、すべての意味での評価です。

それらは、一朝一夕で出来るものではありません。鍾乳洞はポタポタと水が垂れて、長い年月をかけて作られます。途中はただの水滴ですが、長いことやっていると形が出来てきます。それが今の私の在り方であり、チームの在り方です。

生きてきた中で色んなことが年輪のように刻まれていって、形になっていきました。最初からそれを作ろうとしたのではなく、積み重ねた中で、今の形が出来ました。

それを見て美しい、綺麗だと評価するのは他人です。選手たちにも「評価するのは相手だよ」と言っています。自分がめちゃくちゃ上手いと思っていても、それは見た人が決めること。評価は人がすることで、自己評価はあまり意味がないとも言えます。

見る人によって評価が分かれることもあるし、一度見ただけで評価が決まってしまうこともあります。実際にその1回が高校のスカウトの目に留まり、サッカー人生が変わった選手はたくさんいるのが現実です。

練習参加やドリスクに来てくれた選手は、その1回が面白くなければ、次は来てくれない可能性もあります。チャンスが何回もあるとは限らないので、グローリアガールズでは「1回中1回」という言葉を大切にしています。

せっかくグローリアガールズに来ているのだから、ここに来た意味をみつけてほしい。せっかく出逢えたのだから、全員としっかり向き合いたい。そうでなければ、このクラブに来た意味がないと思うんです。別のクラブでもいいわけです。

何の為にここに来たのか、何の為にその人と出会ったのか。そこに意味付けしていかないと、その先に繋がっていかないと思います。

チャンスはいつも、全員の前でぐるぐる回っています。それをパッとつかみとることが出来る人間は、どんな人間なのか？

その縁に対して、ピンと感じ取れる人間は、どんな人間なのか？

私は結構、縁や運など意味づけをするタイプです。だからこそ、グローリアガールズに来てくれた選手たちとは、何らかの意味があるのではないかと思って、日々接しています。

私自身がプレーするわけではありません。結局は選手です。選手は自分の指導や伝えてきたことを表現し、体現してくれる存在です。選手たちが私の自己紹介なのです。

gloriagirls

第6章

成功するクラブ運営

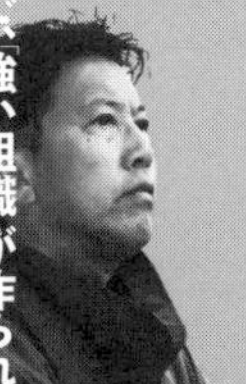

弱者の闘い方

「個」を磨くことで、「強い組織」が作られる

差別化ではなく、独自化を目指す

指導者として、自分が何者かを知ることが、良い指導者になる為の第一歩です。

あなたはどんな指導者ですか？　何を武器にしていますか？

結局、何を書くか、どんなことを言うかはあまり重要ではなく、大事なのは、自分が教えている選手たちです。

選手たちを観て、選手たちのプレーを観て、人はどう思うのか？

指導者の評価は、結局は選手なのです。

入部希望の選手や保護者、あるいは他の指導者が見学に来たときに「選手たち、みんな上手いな」と伝わることや、トレーニングの雰囲気や空気感が大切なのだと思います。

昨今、サッカークラブやサッカースクールがどんどん増えています。自分の活動場所の近くに、いつ新しいクラブができるかはわかりません。

募集のチラシやホームページに「個人を育成しています」など、理念はいくらでも書くことができますが、選手を募集する前に、自分は何屋さんなのか、このクラブは何が売りなのかを明確にしましょう。

そこがはっきりしていないと「家が近いから」「会費が安いから」といった安易な理由で選ばれてしまう可能性があります。

どれだけ良いものであったとしても、知ってもらえなければどうしようもありません。自分のチームの売りやセールスポイントを、どう世間に伝えるか？

それを選手や保護者、世間の皆様に、どのような方法で認知してもらうのか？

これだけたくさんのクラブやスクールがあるわけですから、告知や宣伝の仕方、方法など、集客に関しても戦略的にやらなければいけない時代だと思います。

もちろん立地や施設の良さが、大きなアドバンテージになるのは事実です。

しかし、こういう考え方もあります。香川県には、有名なうどん屋さんがたくさんあり、東京から飛行機に乗って食べに行く人もいるほどです。東京にもうどん屋さんはたくさんあるのに。

そのお店でなければならない理由があるから、200円で売っているうどんを食べるために、旅費を何万円もかけて行くわけです。そこにあるのは、差別化ではなく独自化。唯一無二だからこそ、わざわざ出向くのでしょう。

私自身、指導者として、唯一無二でなくてはならないと言い聞かせてきました。

上級指導者ライセンスを持っている、トレセンでコーチをしている。そういう人はたくさんいます。しかし、資格や役職ではない「自分」という人間や指導法など、勝負できる武器が必要なのです。

誰にも真似できない、自分の武器はこれだという独自性を持つことができれば、他と比べられることなく、選んでもらえる指導者、クラブになるのではないでしょうか。

チームを選択するときには、色々な条件があると思いますが、最終的には「誰としたいか？（指導者）」と「何がしたいか？（サッカースタイルや指導法）」で決めるのが、一番間違いがないのではないかと思います。

ドリブルや個人育成に特化した指導をしているクラブはたくさんあります。でも私は、自分のドリブルや個人育成指導は、他の人とはまったく違うと自負しています。それが自分の価値です。

グローリアガールズの選手の大半が、1時間以上かけて通ってくれています。それは、このクラブでしか学べないことや得られないことなどの「価値」があるからだと思っています。

遠くから通ってくれている選手や保護者には感謝しかないですし、その想いに応えられる様に、これからも尽力したいと思います。

モットーは身の丈を知ること

クラブの経営者視点で言うと、各カテゴリーを任せる指導者は、どの年代のエキスパートになりそうかをイメージすることがポイントです。

このコーチは丁寧で物腰も優しいから、低学年を指導するのが上手だな。デモンストレーションができるし、理論的に教えるのが得意だから、高学年向きだな。

エネルギッシュでユニークだから、幼稚園児に合いそうだなと、その人の年齢や経歴、人柄、能力などを考慮して、フィットしそうなところに当てはめていきます。

アシスタントに、どんな指導者を置くかも重要です。

ベテラン指導者のサブに新人コーチをつけて学ばせることも必要ですし、新しくメインのコーチをたてるなら、ベテランコーチをサブにつけて、サポートとアドバイスを任せるなど、担当する選手やコースのレベル、ニーズに応えることができる指導者を見抜き、適材適所に配置することは大切な部分です。

もし自分が責任者として、クラブを立ち上げることを考える際は、チームを持つのが向いている人、スクールが向いている人など、それぞれタイプがあるので、自分はどのようなタイプなのかを、知ることから始めてみてはいかがでしょうか。

チームにしてもスクールにしても、選手が来てくれなければ始まりませんし、指導者として生活が成り立ちません。かといって、たくさんの選手やスクール生を集めると、その分、コーチを増やさなければいけないので、人件費がかかります。他にもグラウンド使用料や送迎のバスといったコストも必要です。

これからチームやスクールを立ち上げる人は、なんでもかんでも大きくしようと考えない方がいいと思います。

選手を集めるといっても、社員として雇っているコーチが1人のところと10人のところでは、考え方が異なります。指導者ひとりで、200人の指導は出来ません。スクール生が100人から200人に増えると、その分、スタッフの人件費や経費がかかります。

その意味で、私は「身の丈を知る」を忘れません。以前、所属していたクラブは650人ほどのスクール生がいましたが、それだけの人数を抱えても大丈夫な体制だったので、増やす方へとかじを切っていました。

しかし、現在指導しているグローリアガールズは「3学年で50人」と決めています。それも、緻密な計算をした上で導き出した答えです。

日本は少子化です。しかし、サッカースクールやクラブは増えています。クラブが選ばれる時代となり、生き残るクラブと淘汰されていくクラブが出ることは、容易に想像出来ることです。

自分やクラブに、売りとなる何かを創出すること。差別化を越えて、独自化を目指すこと。身の丈にあった経営をすること。これらが、私が考える、クラブ経営で大切なことです。

ただし、これはあくまで今の私が出した結論であって、サッカー指導を始めたばかりの人や、その人が置かれているライフステージによって大きく変わります。

大事なのは、自分はどうなりたいのか。自分はどのようなフェーズにいて、将来どうなっていきたいのか。そこを考えてみてください。応援しています。

保護者や体験者への対応

グローリアガールズでは、活動するにあたり、保護者に協力して頂くことはほぼありません。２０２３年度からは、体験希望があった際に、クラブの資料をお渡ししているのですが、クラブ要項だけでなく、クラブのミッションについてや、私の想いなども記載しています。全６ページに渡る「クラブの説明書」です。

体験に来て頂いた際には、保護者に対して、長い時間を使って色々なことを伝えます。

クラブの説明会では「選手たちは中学生になります。切符も大人料金に代わるので、これからは大人扱いしたいと思います。そのため、今後のやりとりや確認は、すべて私と選手で行います」と伝えます。なので３年間、保護者の方とコミュニケーションを取る機会は、ほとんどありません。

保護者の方には、私が書いているグローリアガールズのブログと保護者専用のブログを観て頂いています。

そこに自分の考えや想いを掲載し、私が何を考えているのかを知って頂く為に、真実と本音を書いています。

ブログやＳＮＳでは、背伸びしないように、良いことばかり書かないようにしています。　等身大の考えを伝えることが大切だと思っているからです。

体験練習に来てくれた保護者の方から「ブログの内容に共感したので、体験に来ました」と言われたこともあります。カッコつけず、ありのままを大切にして、今後も私の想いを発信していきたいです。

様々な形で御支援、サポート頂いている保護者の皆さんには、とても感謝しています。その感謝の気持ちを、私は選手に注いでます。

すべてのことを私と選手で行う理由は、高校年代に向けて、自立と自律を促す為です。また、平日は活動が2日間しかなく、なかなか一人ひとりとコミュニケーションや関わりを作ることが出来ません。それを補う為にも、LINEや電話などでやりとりする機会を作っています。

保護者のお子様はその子だけ。しかし私はクラブ全員（約40人）の親代わりでもあります。

これだけ分母が違えば、気持ちや意見の相違はあって当たり前です。

親という漢字は「木の上に立って見る」と書きます。これは、遠くから我が子を見守るという意味なのだと思います。

すべてを私と選手に任せて頂き、遠くから見守り、応援し、背中を押してくだされば、言うことありません。手を差し伸べたくなる時もあると思いますが、悩みや困難を自分自身と仲間たちとで葛藤しながら乗り越えていくことで、強くて逞しい人間になれるのだと思います。

そして、そんな我が子を支えてくれる仲間たちをリスペクトして頂き、我が子だけではなく、チームを応援して下さい。

なによりも選手に「お父さん、お母さんに試合を観に来て欲しい」と言われる存在でいて頂きたいです。

体験生には選手が対応

グローリアガールズでは、体験生に対して色々な対応をしています。

まずはグループLINEを使い、体験生が来る日時と名前を掲載して共有します。

そこには「1回中1回の精神で、受け入れから送り出しまで、みんなでオモテナシを宜しくお願いします」という一文を加えています。

そして体験当日は「コンシェルジュ制」で対応します。事前に体験生に対して担当を決めて、受け入れから送り出しまで、すべてを担当の選手中心に行います。

みんな優しく、上手に対応してくれます。保護者の方への挨拶や対応もするので、体験に来た選手の保護者から、お褒めの言葉を頂くことも少なくありません。

出来ること、可能なことは、すべて選手主導で行っていることも、グローリアガールズの大切な方針です。それは選手育成の観点からも、とても重要なことだと考えています。

選手たちは思春期の難しい年頃ではありますが、敢えてこのような取り組みを行い、優しく丁寧に、笑顔で接している姿を観ると、本当に嬉しく、誇らしい気持ちになります。

体験生への対応としては、名前で呼ぶことがコミュニケーションの第一歩と考え、ガムテープに名前を書いてビブスに貼り、それを着て来てもらっていました。そうすれば指導者も選手も、初めて来た体験生を名前で呼ぶことができます。

体験生も自分の名前が認知されていることに安心感が生まれ、緊張が和らぎます。

何をするにしても「出来ることはすべてやる」の精神は重要です。

今までの経験やマニュアルに頼らず、今のやり方で成果や結果が出ているのであれば、継続すればいいし、そうでないならば改善する必要があるわけです。

サッカーの指導はもちろん、それ以外の部分にも、細部にこだわるならば、やるべきことは必ず見つかるはず。

体験生の獲得に対しても、差別化、さらには独自化を目指して、無いものを生み出していく姿勢は、本当に大切なことだと思います。

永長鷹虎との出逢い

私が育成に携わった選手の中に、永長鷹虎がいます。

以前務めていたクラブで、ジュニアユースの指導に関わることになり「来年からジュニアユースの指導をするので、高校の練習を見せてください」と、興國の内野先生を訪ねました。

ジュニアユースの選手は、卒業すると、高校・ユースに進みます。その為、高校の指導者の考えや練習が知りたいと思い、学びに行かせて頂きました。

私が興國高校や内野先生と出逢っていなければ、永長鷹虎の人生は変わっていたかもしれません。その後、興國に外部コーチとして指導に行かせて頂くことになり、内野先生が私の担当していたジュニアユースを月に1回指導して頂けることになり、それがきっかけで鷹虎と出会うことになりました。

私は彼を、幼稚園から中学生まで指導をしました。それだけ長期に渡って、ひとりのコーチがひとりの選手を指導できることは、今後ありえないと思うので、めぐり合わせというか縁を感じます。

彼がプロになったことは驚きではありません。川崎フロンターレというJ1のトップレベルのクラブに入るとは思っていませんでしたが「プロになる可能性はある」と、小さい頃から思っていました。

彼に関しては、バトンの繋ぎ先が良かったですし、適正だったと思います。

私が約10年間指導をして、コーディネーションや技術を身につけて、興國に行き、内野先生のもとで戦術的なことを学びました。私が教えきれなかったところを高校で教わり、さらに身体の成長も加わり、大きく成長していきました。

鷹虎は中学生の早い段階で「興國に行きたい」と言っていました。

私としても、兄弟の一番末っ子で、まだまだ幼い彼を厳しく律してくれ、彼のサッカーに足りないピースを指導してもらえるのは、内野先生しかいないと感じていたので、お世話になるのが良いと思っていました。

鷹虎は幼稚園の年長で、私が指導するクラブに入ってきました。

当時は小学2年生までのカテゴリーが一番下だったので、幼稚園時代から、小学生の選手に混じり、関西の強豪チームや県外の相手と、日帰りで試合をしに行っていました。

その際も保護者は関わらせず、指導者と選手だけの世界です。

幼稚園や小学校低学年の彼らにでも、テントを自分たちで持ってこさせて、小さいながらに自分たちだけで組み立てさせたりと、自主自立と自律を促しながら、サッカー以外のアプローチもたくさんしました。

彼らに関しては、自分で、自分たちだけでやらざるを得ない状況、環境に放り込み、サバイバルな環境で育てた感がすごくあります。

サッカーの技術だけでなく、生き方を教えていたようにも思えます。

常識を知らない、何色にも染まっていない幼稚園児、小学校低学年の選手たちは、どんどん逞しくなっていきました。

手に負えないほどの優勝トロフィー

鷹虎たちの学年は、幼稚園だけの大きな大会で優勝したり、関東に遠征に行き、全国大会常連クラブやJリーグの下部組織が集う大会で優勝したりと、強くて巧いチームでした。

日本サッカー協会にチーム登録していなかったことで、さらに注目されることになり、瞬く間に世間にその名が広がっていきました。

全国から指導者がトレーニングを見学しに来たり、試合を見に来ることが物凄く増え、試合をするたびに、注目を集めていることが自覚できるくらい話題になっていました。

鷹虎以外にも、幼稚園から一緒にやっていた強烈な双子の選手や、のちに鷹虎と一緒に興國で試合に出場することになる選手や、野洲高校のキャプテンになった選手などがいました。一人ひとりが武器を持っており、魅力的な選手たちばかりでした。

彼らのように能力の高い子であれば、高学年にもなると「Jクラブに行く」と言い出すのですが、誰もそう言いませんでした。

彼らは自分たちに自信とプライドを持っていましたし、この仲間とするサッカーを楽しんでいました。

保護者の方々も彼らの試合やプレーを楽しみ、信頼して任せて下さっていました。鷹虎世代は、Bチームの選手たちも粒ぞろいだったので、時にはJリーグ下部組織のチームに勝ち、大会で優勝したこともありました。振り返ると、凄いメンバーだったと思います。

チームは日本サッカー協会に登録していなかった為、公式戦には出場できませんでした。とはいえ、小学生年代のカップ戦は毎週のようにあったので、公式戦代わりに、可能な限り、出場していました。その結果、Aチーム・Bチーム合わせると、誇張ではなく、1年間で100個以上のトロフィーやメダルを獲得していたと思います。

通常であれば、小学生のサッカー選手は、公式戦優勝、全国大会出場、トレセン選出などを目指して頑張るのだと思います。

しかし、チームは日本サッカー協会に登録していなかったので、その3つの目標すべてがありませんでした。しかし、そんな環境からJリーガーが2人生まれ、鷹虎はU-20ワールドカップにも出場しました。

こんな環境からでも、夢を叶えた選手がいます。その事実は、いろいろなチームや選手の希望になるのではないでしょうか？　もし、そうなっていたら嬉しく思います。

スクールで650人の会員を獲得

当時はチームと並行して、スクールの指導、経営もしていました。サッカークラブにおいて、もっとも収益をあげなくてはいけないのはスクールです。

なぜならクラブチームと違い、数多くの選手を抱えることに問題がないからです。

私がサッカー部門の責任者になった、立ち上げ時の会員数は50名ほどでした。それから7年後に、約650名まで増えました。

会場はフットサルコート1面と、狭めのクレーのグラウンド3箇所。決して良い環境ではなかったので、創意工夫を繰り返しました。

まずは見栄えからということで、各自バラバラだった練習着を、クラブ指定のものに変更しました。

「あのユニフォームは、たしか○○○○だよね」と、外から見て、そのユニフォームが宣伝材料になるように、原色で目立つ色のシンプルなデザインにしました。

サッカースクール、サッカークラブが乱立している時代なので、まずは知らない人に認識してもらうことが肝心だと考えたのです。

「今日、家の近くの会場で見かけたんですけど」という問い合わせが増え、クラブ指定のユニフォームが「動く看板」として機能しました。その影響で、地域の方々に認識されていったことは間違いありません。

後に会員が増えることを想定して、スタッフ数と会場移動の効率性にも目を向けました。

可能な限り、各会場に幼稚園クラス、小学校低学年クラス、高学年クラスを創り、幼稚園から小学校を卒業するまで、同じ場所でやり続けることができるようにしました。

幼稚園や小学生は、保護者が自転車で連れて来ることが出来る範囲に住んでいる方が大半です。そのためスクール会場が、地域に根差したものになることが重要だと考えました。

一番下の学年は3歳くらいからだったと思いますが、少人数の頃から丁寧に、遊びだけではなく、この年代から「サッカーを上手くすること」を掲げました。

クラブの売りとしていた個人に特化した育成、コーディネーショントレーニングなどを、スクール生の年齢やレベルに合わせたメニューを作成し、全会場で共通して行いました。

幼稚園や小学校低学年は、保護者の方が送り迎えで来るので、保護者とのコミュニケーションも重視しました。

このように、丁寧に進めていった結果、口コミが口コミを呼び、会員も増え、クラブチームに所属せず、サッカースクールだけに、長年通ってくれる会員が増加し、スクールの基盤が強固なものになっていきました。

クラブの広告塔となるチームのブランディングも、かなり工夫しました。

大事なのは1期生です。チームを立ち上げた当初は「どこのチーム？」「そんなチーム聞いたことがない」という反応が通常です。

それをひっくり返すために、ファーストインプレッションが重要だと思っていました。

初見のトレーニングや試合で、いかにインパクトを与えることができるか？ チームの自己紹介になるようなサッカー、プレーとは、どのようなものか？ 選手のプレーやチームが繰り広げるサッカーが広告塔になり、話題になることが大事だと思っていたので、1期生に関しては全身全霊で魂と情熱を注ぎました。

スクール当初の50名が650名まで増えたのは、鷹虎世代の選手たちのおかげです。

極端に言えば、彼らが試合する度に、対戦チームや同じ会場に来ていたチームの選手が、次の週に体験練習に来ることの連続でした。

それぐらい個性が強烈で、凄い個たちでした。彼らが与えるインパクトは、一大ブームを起こすほどのものでした。

私が今もプロサッカーコーチとして活動が出来ているのは、彼らが私の知名度と指導価値を高めてくれたからと言っても過言はありません。

グローリアガールズの1期生も、後に高校年代で活躍することになる、凄い選手たちでした。本当に私は、選手との出逢いに恵まれているなと感じます。

鷹虎世代やグローリアガールズ1期生には、本当に感謝しています。今の私があるのは、彼ら、彼女たちのお陰です。

試合に出場させながら成長させる

2023年度、グローリアガールズは初めて関西最高峰のJFA U-15女子サッカーリーグ関西に参戦しました。WEリーグ下部組織や関西トップレベルのクラブチーム、合計8チームで闘い、リーグ戦の前後期合わせた総合成績1・2位のチームが、ストレートインで全国大会出場の権利を得るという、ハイレベルな真剣勝負の公式戦です。

リーグ戦は前期・後期合わせて14試合。試合は40分ハーフです。トーナメントではなく、リーグ戦のメリットは、必ず14試合は出来ることです。試合時間は40分ハーフで、合計80分もあります。

関西リーグのメンバーに登録した選手たちは、小学生時代にトレセン経験がない、全国大会や関西大会出場どころか、府県大会出場の経験もないといった、公式戦や大舞台の経験値が少ない選手ばかりでした。

しかし、全員が高校でもサッカーを続けることを志している選手たちでもあります。高校年代への未来貯金として、公式戦の出場経験を踏ませることは必須と判断し、対戦チーム事情を考慮した、最後の2試合以外の12試合は、その日に参加した15～16名全員を20分以上出場させました。

これは、サテライトチームのメンバー中心で参加した大阪府リーグも同じです。その日に参加した選手全員を20分以上出場させるように、担当コーチに依頼し、実行してもらいました。

練習試合20分と公式戦20分では、緊張感やプレッシャーが全然違います。ここで普通にプレーできることが、まずはスタートラインです。

例えるなら、どれだけ歌が上手くても、1万人の観客の前でアガってしまって声が出なければ、歌手とは言えません。それと同じことです。

その選手起用や方法論を選んだから、勝てなくてもいい、負けても成長に繋がるからといった言い訳は一切しません。

指導者も選手も未熟な私たちは、必至のパッチで、勝利するために全身全霊で闘わなければいけないのです。

全員を起用しながらも、本気で勝利を目指すことに意味があります。それが勝利と育成の両立です。彼女たちが目指す未来を成立させる為には、試合で使いながら、成長させるしかないのです。

そして「全員を出場させて勝つ」為には、指導力を上げなければいけません。

なぜなら、ただ公式戦に出場させただけでは意味がないからです。

出場した選手が、公式戦という本番の舞台で自分の特徴を発揮し、チームに貢献できるレベルに引き上げていかなくては意味がないのです。

ただ全員を出場させるだけなら、私の自己満足に過ぎません。

2023年度のグローリアガールズは、スタメンに1年生が常に4、5人出場していました。さらに参加選手全員が出場。かなり厳しいシチュエーションだったと思いますが、最終結果は想定を大きく上回る4位！

その結果、関西大会の第2シードを獲得し、最終的に関西大会初優勝と全国大会出場を成し遂げました。

結果論になりますが、関西リーグに全員出場した成果と成長がチーム力となり、全国大会出場に繋がったことは間違いありません。

中心になってチームを牽引してくれた、3年生4人は大変だったと思いますが、本当に良く頑張ってくれました。感謝しています。

そして、自分たちで掲げた「全国大会出場」という目標を成し遂げた選手たちは、素直に素晴らしいと思います。

しかし、全国大会出場は目標達成であり、目的達成ではありません。

目的は、高校年代以降でも、自分で選んだ舞台で活躍すること。そして、自分で掲げた夢や目的を叶えること。それは忘れないで欲しいです。全国大会出場は、ただの通過点でしかないのですから。

中学1年生をリーグ戦で起用する

選手選考については、本人の実力はもちろんですが、日常からの取り組む姿勢や努力、周りの選手との関係性など、様々な観点から考慮して決定します。

ポジションについては、小学生時代のポジションも考慮はしますが、色々なポジションにチャレンジさせながら、適正やチーム事情も含めて、最終的には私が決定します。

1期生でU－15・16日本代表候補になった選手は、小学生時代はセンターバックでしたが、グローリアガールズではセンターフォワードでした。

現在の中2のエースの選手も、小学生時代はボランチでしたが、今はフォワード。小学生時代にトレセン歴はありませんが、現在は大阪府代表として関西トレセンに選出されています。

選手のポジション適正を見抜くことは難しいですが、とても重要です。ただし、ポジションごとのトレーニングを行うことはありません。サッカー選手として、総合的に成長させることが、高校年代以降での活躍に繋がると考えているからです。

3期生のキャプテンはセンターバックでしたが、全国制覇経験のある強豪校でフォワードとして活躍しています。その器用さや幅も武器として、生かされていたら嬉しく思います。

中学生年代を育成年代と捉えるならば、早い段階からひとつのポジションに固定しない方が良いのではないかと思います。

パスの上手な選手であれば、敢えて1、2年生の時はドリブルの能力を上げるためにフォワードで起用し、果敢に突破することにチャレンジさせたり、判断が課題の選手に対しては、ボランチで起用して、ボールの受け方やパスを成功させることを要求するのも良いと思います。

「パスしか出来なくてパスをするのと、ドリブルも出来るけどパスを選択するのとでは、全然違うよ」といった話などもしながら、時期によって求めるものを変えていきます。

ポジションやルール制限（2タッチ以下でプレー）など、こちらが与える環境によって成長を促す手法はよく使いますし、実際に成長している手応えを感じています。

グローリアガールズの指導目標の1つに「2歳上の選手と対等に、平気でプレー出来る選手の育成」があります。これを高校年代で言うと、1年生時に、

3年生の試合に出場していることになります。

競争が激しい高校年代では、1年生の時から試合に絡めることが重要だと考えています。しかし2カテゴリー上となると、単純な身体能力だけでは通用しないことが多々あります。

だからこそ必要な要素がたくさんあり、そこを目指すことによって、習得できることがあります。身体能力が高くない選手が多いグローリアガールズには不可欠な要素なので、それを身につけていくことを目標に、3年間かみ砕いて指導していきます。

そのような観点から、可能性を感じる1年生は、足りない部分があっても、積極的に起用します。今年も4、5人の1年生を継続的に起用し、可能性と成長を観ていました。

選手によって明暗を分ける結果になることもありますが、彼女たちの将来にマイナスなことは、何もありません。これからも積極的に、1年生の起用にチャレンジしたいです。

サッカーの基本に、身体能力は関係ない

日本人は周りをすごく意識するので、リフティングひとつとっても、10人中7人が出来ていないと安心します。でも、出来る人が7人になると、残りの3人は焦って練習し始めます。

チーム全員を上手くさせようと思うのであれば、上手に出来る人数を増やすことです。そうすることで「周りはみんな出来ているのに、自分は出来ていない。もっとやらなきゃ」という思いにかられ、努力量が増えます。その結果、徐々に全員が出来るようになっていきます。

みんなを上手くするのではなくて、出来る人を増やしていくと、自然と出来る層が増えます。私が指導してきたチームは、どこに行っても「みんな上手いですね」と言われます。

そのように言う背景には、高いレベルで出来る選手は、1学年に3、4人だという感覚があるからでしょう。

しかし、サッカーの基礎や基本に関して、身体能力は関係ありません。リ

フティング、ボールタッチ、コントロール、ドリブルなど、持って生まれた身体能力の影響が少ないところは「全員が出来て当たり前だよ」という話をしています。

努力していても出来ないのであれば、努力の量や努力の仕方を変えなくてはいけません。

しかも、その部分に関しては「関西で1番出来ないとダメだよ！」と言っています。身体能力が低いから無理ではなく、身体能力が低いなら、どこで、どうやって相手に勝つのか？　それは、身体能力の影響を受けない、ボールコントロールを始めとする基礎技術やテクニックの部分です。

グローリアガールズの選手が、リフティングやボール扱いが上手いのは、そこでは負けられないからです。だからコーンドリブルやリフティングに関して、徹底的にこだわってやっているわけです。

それらの基礎技術とテクニックの向上が、各自の個性や特徴という武器の土台であり、礎になります。それこそが私たちのアイデンティティなので、絶対に譲れないのです。

リフティングやコーンドリブルの目的は「自由自在に動く身体創り」であり「自由自在なボール扱い」です。

サッカーが上手くなるには、そこが必要です。イメージ通りにボールを扱う為には、自分の身体を操ることが出来る必要があります。その能力を、リフティング、ボールタッチ、コーンドリブルを通じて、養っているのです。

たとえ相手チームが速くても、大きくても、ボールを持つことに対して自信があれば、そう慌てることはありません。

普段のトレーニングは、相手に勝る為、相手に勝つ為に取り組んでいます。それが自分の、自分たちの武器になっていることが大切で、そこがイコールになっていなければ、なんの為にトレーニングをしているのかが、わからなくなってしまいます。

「選手が上手くならない」「試合で勝てない」と悩んでいる場合はそこに目を向けて、考えてみるといいかもしれません。

「日常＝サッカー」です。すべての原因や要因は、日常に必ず存在しています。サッカーにおける上手さに限界はないので、満足するなんてことはありえません。

「これぐらいでいいだろう」はないので、より上手く、より速く出来ることを目指しています。そこに関しては、どのチームよりもこだわり続けています！

未来から逆算して現在を見る

選手も指導者も、大事なのは「なりたい自分から逆算すること」だと思います。

多くの人は、現在から未来に向かって歩いていますが、私は未来から逆算して、現在を観ることを心掛けています。

今は中学生を指導していますが、彼女たちの未来は高校生です。私が外部コーチとして、全国の強豪校を指導している理由には、それも含まれています。

高校に指導に行けば、グローリアガールズの子たちの1年後、3年後の未来を想像することが出来ます。どんな選手が伸びていくのか。高校ではどんな能力が求められるのか。どんな選手になった方がいいのか。そのために、中学時代に必要なことは何なのか――。

未来を見ているから、中学生のときに逆算した指導が出来るわけです。

未来と現在を行き来しながら指導しているので、無駄がないというか、本当に必要なことを落とし込むことが出来ます。それもグローリアガールズのOGに、高校年代で活躍する選手が多い理由のひとつだと思います。

選手も保護者も観ている方も、不安になったり、心配になったり、納得いかないこともあると思います。しかし、良い時があれば悪い時があるのは当たり前です。

この環境から育っていった先輩たちを観てください。すべてはOGが証明してくれています。

先々から逆算して、その為に必要であれば、敢えて厳しく指摘しなければいけないことは、必ず言います。言い続けます。

なぜなら、そのままだと未来で困難に陥る、壁にぶつかることが明白だからです。

それを「怒られた」「厳しい」とネガティブにしか受け取れないのか。

それとも「わざわざ自分のために言ってくれてるな。期待に応えるために、頑張らなあかん！」と、素直にポジティブに受け取れるかで、将来の道は大きく変わると思います。


上手くなるために、夢を叶えるために。成長の時期である中学3年間は、最後の育成期間です。サッカー人生で、一番重要で大切な時期かもしれません。


夢を持っていますか？

それを堂々と、みんなの前で語ることが出来ますか？

本気であれば言えるはずです。想わなければノーチャンスです！

小学生時代の実績や今までは関係ありません。

大切なのは今であり、これからです！

最初から夢を諦めないこと。夢への階段を自分から降りないこと。

「キミも出来ます！」。可能性の灯を消さない為に、これからもそう言い続けていきたいです。私は絶対に諦めないと決めています！

gloriagirls

special conversation

育成指導者対談

池田浩子
内野智章

弱者の闘い方

「個」を磨くことで、「強い組織」が作られる

「三木さんには、〝化け物〟のような選手を作り続けてほしい」

池田浩子（いけだ・ひろこ）

HIROKO IKEDA

日体大で主将を務めた4年時に全日本大学女子選手権2連覇に貢献。岡山湯郷ベルでプレーした後、岡山県作陽高校（現・作陽学園高）女子サッカー部コーチを経て、2011年、監督に就任。12年間で3度の全国準優勝に導く。2023年に監督を退任し、メンタルアドバイザーやスポットコーチとして活動中。

三木……池田先生と初めてお会いしたのが、2015年頃でしたよね。僕が女子の中学生を指導することになったので、将来から逆算して指導をするために、高校の女子サッカーを学びたいと思い、連絡をさせてもらったのがきっかけでした。

池田……はい。三木さんの印象は「すごく熱い、勢いがある人」でした（笑）。私からも質問をさせてもらったりと、初対面のときから、楽しくお話しさせてもらったのが印象に残っています。

三木……池田先生は学校の先生っぽくないので、話しやすかったんです。世間体や見られ方を気にせず、オープンマインドで人間味がありますよね。僕もそういうタイプなので、惹かれたというか、話をしてみたいと思いました。

池田……三木さんは選手のためを思って行動されていますよね。中学生を指導することになり、その先である高校に行って、観て、感じて、自分がまず触れてみる。その行動力はすごいなと思いました。

三木……育成って、自分が指導している3年間だけのことではないじゃないですか。中学生を教えているのだから、高校に繋いでいかなければいけないわけで。僕は高校に選手を預けたら、その後は一切関わらないようにしています。選手を送り出してから「あの高校はこうで」「あの先生はなぁ」と言うのはありえない。だからミスマッチがないように、高校に行ったり、試合を見たり、先生と話をしたりと、他の指導者の何倍も動いているつもりです。

池田……選手が巣立っていく場所を、指導者が知っているか知らないかは大きいですよね。卒業後に行く学校を、肌で感じてわかっている状態で話ができる人と、そうでない人とではやっぱり違うわけで。偉そうに聞こえるかもしれないですけど、三木さんの姿勢を見ていると、この人は本物だなと感じます。

三木……グローリアガールズの1期生にはスーパーな選手が3人いて、その中でも10番をつけたエースを池田先生に預けたのが、僕の答えというか信頼の現れかなと思います。

池田……それはうれしいです。

三木……全国の強豪校から声をかけていただく中で、作陽を推しました。声をかけてくれたチームの試合を見せたり、練習にも参加して、自分の将来を考えたときに、どの人に教えてもらったほうがいいのか。どの道を歩んでいくのかを考えて、最後に彼女自身が作陽を選びました。

池田……当時は世代別代表級の選手を集められるチームではなかったので「うちに来てくれる選手を、どう伸ばしていくか」を考えて指導していました。その姿勢は変わらず持ち続けていましたし、結果として、楽しいサッカーに繋がっていったのかなと思います。

三木……当時の作陽はドリブルをはじめ、プレースタイル的にも共感できることが多かったんです。池田先生はその選手に足りないことを、はっきりと指摘してくれる。言わなければいけないことを、しっかりと言ってくれる指導者だったので「この人なら」という想いで選手を預けました。

いい意味でこだわりの強い人

池田……グローリアガールズの1期生を見たときに「これはやばい」と思いました。そういう選手を育成できるのは、いい意味でこだわりの強い人だと思います。三木さんは飛び抜けた選手〝化け物〟を育てられる人ですよね。

三木……エースの子も高校3年生のときに、作陽で10番をつけましたからね。責任を持って育てていただけたので、すごく感謝しています。池田先生の良いところは人間味です。泣くし笑うし、怒るし。先生ぶっていない。指導者ぶってない。選手との世界に入り込むと、たとえ近くにカメラがあっても、まったく気にしないところもいいなと思います。

池田……そうですね（笑）

三木……選手との関係性も、大人と子どもではなく、フラットなんです。そこは僕と似ていて、駄目なものは駄目だと言う代わりに、良いところはめちゃくちゃ褒める。ワーッと怒っても、良いプレーをした瞬間に「すごいやん」と言える。感情に走っていないので、それができるんです。

池田……そう言っていただけるのはありがたいです。大会でいい成績を残す、試合で勝ったという結果以外で認めていただけるのはうれしいです。

三木……「池田先生」ではなくて「池田さん」という人間が指導して、喜怒哀楽を思いっきり出してやっている。そこをリスペクトしますし、見ていて気持ちいいじゃないですか。

池田……2023年に作陽の監督を退任したのも、感情を発揮してコントロールすることで、良いプレーに繋がることを、もっとたくさんの人に知ってほしいと思ったからです。これからは、自分が自然にやってきたことを言語化して、皆さんに伝えられるようにしたいです。

三木……女子の高校サッカーに携わる人間として、池田先生のような名物監督がいなくなるのは残念です。ただ、いままでは作陽に入学しなければ、池田先生の指導を受けられませんでしたが、これからはいろんな世代、地域の人にチャンスがあるわけですよね。

池田……はい。いまは各地でサッカー指導や講演会、保護者向けのセミナーなどをやらせていただいています。

三木……たくさんの選手、指導者、保護者が、池田先生の考えや言葉に触れることで、気づきを得たり、勇気をもらったり、もう一回頑張ろう、自分でもできるという気持ちになれたらいいですよね。これからも女子サッカー界のために頑張って欲しいですし、僕も応援しています。

池田……ありがとうございます。目の前にいる選手のためにという想いは、監督をしていた頃と変わりはありません。私自身もパワーアップして、ひとりでも多くの選手、指導者、保護者を幸せにできるような活動をしていきたいです。三木さんには、これからも〝化け物〟のような、すごい選手を作り続けてほしいです。進化が止まらない人なので、わくわくするような選手が育っていくことを期待しています。

三木……男子の高校サッカー決勝は5万人が入りますが、女子は5千人ぐらいですよね。まずは「おもしろい選手がいる」「おもしろいサッカーをするチームがある」という感じで、サッカーが好きな人が見に来て、楽しめるチーム、選手が出てくればいいなと思っています。これからも女子サッカー界発展のために、よろしくお願いします。

池田……こちらこそ、よろしくお願いします。またお話し、させてください！

「この人だから、個性のある選手が育つんだなと思った」

内野智章

（うちの・ともあき）

TOMOAKI UCHINO

高知大学卒業後、愛媛ＦＣで現役引退。２００６年より興國高校の体育教師、およびサッカー部監督に就任。２０１９年度、全国高校サッカー選手権に初出場。日本代表・古橋亨梧（セルティック／スコットランド）や樺山諒乃介（サガン鳥栖）、永長鷹虎（水戸ホーリーホック）など、多数のＪリーガーを輩出した。２０２３年、興國高校サッカー部監督を退任。

三木……内野先生と初めてお会いしたのは、僕がジュニアユースの指導をすることが決まった、2015年頃でしたね。

内野……ある日突然「練習を見に行かせてください」と連絡をいただいて（笑）。僕は三木さんのことは知っていましたし、鷹虎がいたクラブの映像もFacebookなどで見ていたので、「あの三木さんや」と驚きました。

三木……僕はそれまで、小学生しか指導したことがなかったんです。中学生を教えるとなったときに、選手を受け渡す先である高校の状況を知らなければ、次に繋げる指導はできないと思ったので、内野先生に連絡して会いに行きました。面識はなかったんですけど。

内野……最初に会ったときは「めっちゃ変わってんな、この人」と思いました（笑）

三木……それ、いろんな人に言われるんですけど、自分では全然わからないんですよ。

内野……最初の印象が強烈やったから、その後、関係が続いたのもありますね。三木さんが見学に来られた頃って、興國から何人かがプロになりだして、注目され始めた時期でした。それもあって「練習を見させてください」という方が、かなり来たんですね。

三木……忙しそうでしたよね。

内野……練習を見に来て、お礼だけ言って帰っていく人が多い中で、三木さんだけは強烈に印象に残っています。三木さんが教えていた、鷹虎たちの強烈なドリブルの映像を見ていたのもあったんですけど、実際にお会いして「この人だから、個性のある選手が育つんだな」と思いました。

三木……僕は内野先生に会うとき、自分のプレゼンというか、考えていることをちゃんと伝えたいと思っていました。当時、僕が指導していたジュニアのチームには、鷹虎以外にもプロになりそうな子が何人かいたんですね。彼らがみんな他所に行かず、ジュニアユースのチームに入ると。責任重大じゃないですか。彼らのためにも、高校で求められるのはどんなことだろうと考えて、内野先生に会いに行こうと思ったんです。

内野……三木さん自体、当時から有名で僕よりも年上なのに、上から来るというか偉そうな感じをまったく出さないんですよ。ジュニアユースを立ち上げるにあたって「その先の人たちが何を求めているのかを知らないと、どこを向いて育てたらいいのかわからへん」みたいなことをおっしゃっていて。自分の考えや想いをストレートに、熱く話してくれましたよね。そんな人、なかなかいないですよ。

三木……僕も、内野先生だから、そこまで話した面もありますよ。ジュニア、ジュニアユースの指導者は、選手の可能性を広げることが仕事じゃないですか。でも内野先生は「プロになりたい」という、選手の夢を叶えさせる、実現するところにいる人なので、僕からすると想像できない世界なんです。

内野……三木さんは「高校から逆算して、中学生を教える」と言っていましたけど、僕らも「プロから逆算して、高校生を教える」という考えがあって、それと同じことをおっしゃっていました。この人はすごいなと思ったし、自分たちと似ている部分があるなと感じました。

三木……僕は「一回中一回」という言葉を大切にしています。その一回で決まることって、たくさんあると思うんです。それもあって「最初に会うときが勝負やな」と、覚悟を持って会いに行きました。

内野……それが最初の出会いで、そこから興國にドリブルを教えに来てもらうようになったんですよね。

三木……うちのクラブも興國もJグリーン堺で練習をしているので、鷹虎たちが練習をしているときに内野先生が通りかかって「この子たち、めっちゃすごいですね。この練習、興國でもやってくれませんか」と言われて。「明日から来れますか?」って（笑）

内野……そんな急でしたっけ（笑）。当時の興國は静岡学園や野洲と試合をして、スコア的にはいい勝負になるのですが、ボールポゼッションでは劣っていました。選手たちに聞くと「相手が上手くて、ボールが取れない」と言っていて、僕もそう感じていました。当時もボールコーディネーションを始め、ドリブルの練習はしていたのですが、なんか違った要素が必要やなと思っていたときに、三木さんのトレーニングを見て、これだ！と思ったんです。

全員が同じドリブルをしない

内野……僕が三木さんのドリブルトレーニングを見ていいなと思ったのが「全員が同じドリブルをしないこと」です。ドリブルに特徴のある指導は型というか癖というか、全員が似通ったドリブルになりがちなのですが、三木さんの指導している選手は、それぞれ違いました。

三木……興國の選手たちは、そもそもドリブルの能力は高かったので、身体操作の観点から、ケガをしないように、片方の足に体重が偏らないように、両足が常に動くようなドリブルをトレーニングしました。ドリブルの技術というより、体操の先生みたいな感じでしたね。

内野……三木さんは勘がいいので、練習前に少し喋るだけで、全部を汲んでやってくれるんです。そのへんは職人だなと思います。三木さんのお眼鏡にかなった選手は、大体プロになっています。それはつまり、三木さんのドリブルトレーニングの中で、特徴を出せているということなので、その特徴を活かせるポジションで起用した方がいいかなと、ヒントにすることもありました。

三木……興國の子たちはレベルが高くて、こちらが提示した動きがすぐにできてしまうんです。だから、教える方も大変でした（笑）。興國で後にプロになる選手に関わらせてもらったことは、自分の財産になっています。村田透馬くん（FC岐阜）や荒木遼太くん（FC琉球）、山崎希一くん（水戸ホーリーホック加入内定）たちを見て、「なんでこんなに速いのか」「なんでこんなに足が動くんだろう」と観察していたので、自分の指導にとってすごくプラスになりました。

内野……三木さんが、今年は誰がいいと言ってくるのか楽しみでしたよ。三木さんのトレーニングは、自主練でもできるんです。興國は自主練を大事にしていたので、その意味でもすごく良かったです。

三木……僕が内野先生に感謝しているのは、鷹虎というバトンを渡して、プロにしてくれたこと。高校時代は戦術面で大変だったと思いますが、ドリブルをさせてくれたからプロになれたと思います。そこで「ボールを持ちすぎるな」「2タッチでやれ」と言われていたら、ああはならなかったでしょう。

内野……大変でしたけどね（笑）

三木……選手のストロングポイントを理解して、伸ばしてくれる指導者に巡り合わないと、いくら才能があったとしても、プロになるのは難しいのかなと思います。育成はバトンを繋ぐことだと思っているので、誰に渡すかで、その子の人生が変わる。それは間違いないと思います。

価値観を植え付ける意味でも、幼稚園がすごく大事

内野……僕は三木さんに何度も言っているのですが、もう一度、ジュニアを教えてほしいです。ジュニア年代で三木さんのトレーニングを

して、中学で戦術的な動きを身につけられるチームに行けば、高校でさらにすごい選手になれるのではないかと思います。

三木……いまは女子の中学生を教えているので、さらにチームを持って、小学生を教えるのは難しいなというのが、正直なところです。もしやるとしたら、幼稚園の頃から教えたいですね。価値観を植え付ける意味でも、実はその年代が、すごく重要だと思っているので。

内野……そうなんですね。

三木……内野先生はタレント性のある指導者なので、今後どのカテゴリーを指導することになるかはわかりませんが、表舞台に立って、サッカーの楽しさを伝えられるような活躍を期待しています。

内野……ありがとうございます。お互い、頑張りましょうね。

おわりに

普通、当たり前。

この言葉の意義や意味、捉え方にしばしば悩み、葛藤させられます。

それぞれ置かれている立場、境遇、環境も価値観も違うので、普通や当たり前はそれぞれにあるはず。

しかし、なぜか同じテーブルに並べられ、良し悪しや評価を他人がします。
すべてを見たわけでもなく、氷山の一角だけしか知らないのに……。

私は長年、男子サッカーの指導はしてきましたが、女子サッカーの指導は若輩者の無知です。

男子サッカーの普通、当たり前と、女子サッカーの普通、当たり前は、まったく違うと感じています。

男子と女子の競技人口や、高校のサッカー部数は歴然です。

女子サッカーはチームを存続させること、高校にサッカー進学させることも、男子とは比べ物にならないほどに困難です。

そして、私が指導するような小さな街クラブの多くは、正規コート、サッカーゴールがない環境でトレーニングしています。

環境が整っているクラブと比較すると、公式戦に至るまでのプロセスには、大きな違いがあります。
それにも関わらず、同じ土俵で評価されます。

正しい、優しさ。

この言葉の意義や意味、捉え方にしばしば悩み、葛藤させられます。
本書の中で「楽しいと喜びの違い」について触れていますが、
これも人それぞれ解釈があり、他人がわかるものではないはず。

育成の正しさって、どういうことでしょうか？
優しい指導者って、どういうことでしょうか？

置かれている立場からの観方、捉え方、考え方で、解釈は変わり、
自分の思う正しさ、優しさが、万民にあてはまるとは限りません。

本書の題名は「弱者の闘い方」です。

弱者は言葉の通り、強者ではありません。生きていく為に必死に考え続け、必死に工夫し続けなくてはいけません。
停滞は衰退です。

雑草は踏みつけられることもありますが、コンクリートを貫いて、生えてくる雑草もあります。

強く、逞しく。そして弱者だからこそ、優しくありたいと強く想います。

指導者人生を振り返ると、決して恵まれていない環境から、
男子ではJリーガーやU－20ワールドカップに出場する選手を輩出することが出来ました。
女子では、創部6年で全国大会出場3回と関西大会優勝。高校年代では、
多数の全国大会出場と、聖地・ノエビアスタジアムに3名が立ちました。

グローリアガールズ1期生は大学生になり、インカレにも数名が出場していますし、アメリカに留学して全米チャンピオンになっているOGもいます。

OGの半分以上が、大学でもサッカーを続けているのは嬉しいことです。

なでしこリーガーやWEリーガーの誕生も楽しみのひとつです。もうすぐかな……。

これらの実績は、決して自慢ではありません。こんな指導者や環境からでも、素晴らしい選手を輩出することは出来ます。

その事実が、同じ境遇や環境の方々への希望になり、エールになっていたら嬉しいです。

そして何より、これは私の手柄ではなく、このような環境でも人間力、実力で道を切り開き、目的や目標を実現していった選手たちが本当に凄いのです。

彼女たちは私の教え子ではなく、戦友であり同志です。

すべては「選手」という名のバトンを繋いで下さった、小学生時代の指導者の方々、繋いだ先の高校の先生方のお陰です。

私は、繋いで頂いた責任と、どのような状況、状態で次に繋ぐかという責任やプレッシャーに押しつぶされそうになりながら、必死に繋ぎの3年間をまっとうしたに過ぎません。

最初に、この本の出版の依頼を受けたときは、お断りしました。

竹書房さんが出版しているサッカー指導者本は読ませて頂いていたので、その方々と自分は違い過ぎると、恐縮しかありませんでした。

しかし私と同じく、恵まれていない境遇や環境で頑張っている指導者やお父さんコーチ、そして選手の皆さんの参考になったり、勇気づけることが出来るのではないですか？　と言って頂き、私の経験や体験が少しでも役に立てるのならという想いから、出版に至りました。

「弱者の闘い方」という題名も、私が決めさせて頂きました。

文字で伝えるのは難しい部分もあり、思うように伝わるかはわかりませんが、何かを想うきっかけになれば嬉しいです。

この本を読んで興味を持ってくださった方は、ぜひ私と選手たちに会いに、Ｊグリーン堺に来て下さい。情報交換やサッカー談義ができれば嬉しく思います。

最後になりましたが、本書の制作を担当して頂いた、竹書房の柴田洋史さん、スポーツライターの鈴木智之さん。対談して頂いた、内野智章さん、池田浩子さん。本当にありがとうございました。

指導者の評価はすべて選手と考えているので、今も指導者を続けられていることや、この様な本の出版も選手たちのお陰です。感謝とともに、彼女たちがサッカーを続ける限り、一番のサポーターとして、遠くから見守り、応援し続けたいと思います。

この本の出版・制作に関わって下さった、すべての皆様に感謝を申し上げます。

２０２３年12月　三木利章

三木利章

（みき・としあき）

ACグローリアガールズU-15監督／聖和学園女子サッカー部テクニカルアドバイザー

1974年、兵庫県神戸市生まれ。大阪ＹＭＣＡ社会体育専門学校卒業。奈良ＹＭＣＡサッカークラブで少年サッカーの指導に携わり、2016年よりプロサッカーコーチとして活動をスタート。教え子は2023年度時点で2名がJリーガーとなり、永長鷹虎（水戸ホーリーホック）がU-20日本代表としてU-20ワールドカップに出場。現在は活躍の場を女子サッカーに移し、グローリアガールズU-15では監督として2023年度 全日本U-15女子サッカー選手権大会関西大会で初優勝。創部６年で３度目の全国大会出場に導く。また、興國高校サッカー部、大商学園高校女子サッカー部などの全国の強豪高校の外部コーチを務め、聖和学園高校女子サッカー部ではテクニカルアドバイザーとして2023年度インターハイ準優勝に大きく貢献。脳と神経系を刺激しながら、自由自在に動く身体創り＋自由自在なボール扱いの習得を目指すサッカースクール「ドリスク」を主催している。日本サッカー協会公認Ｃ級ライセンス、日本サッカー協会公認キッズリーダー、日本サッカー協会公認４級審判員。

http://toshiaki-miki.net

「個」を磨くことで、「強い組織」が作られる

弱者の闘い方

二〇二三年十二月十八日初版第一刷発行

著　者…三木利章

発行人…後藤明信

発行所…株式会社 竹書房

〒一〇二-〇〇七五

東京都千代田区三番町八番地一

三番町東急ビル六階

E-mail　info@takeshobo.co.jp

URL　http://www.takeshobo.co.jp

印刷所…共同印刷株式会社